Ame a você mesmo e...
permaneça casado

Ame a você mesmo e... permaneça casado

Um guia prático para evitar o divórcio e perceber que a pessoa certa está bem aí do seu lado

Eva-Maria Zurhorst

Tradução
Ana Carolina Bento Ribeiro

Texto revisto pelo novo Acordo Ortográfico

3ª impressão

SEM
FRONTEIRAS

Título original: Liebe Dich Selbst Und Es Ist Egal, Wen Du Heiratest

Editora Nova Fronteira S.A.
Rua Bambina, 25 – Botafogo – 22251-050
Rio de Janeiro – RJ – Brasil
Tel.: (21) 2131-1111 – Fax: (21) 2286-6755
http://www.novafronteira.com.br
e-mail: sac@novafronteira.com.br

CIP-Brasil. Catalogação-na-fonte
Sindicato Nacional dos Editores de Livros, RJ

Z92a Zurhorst, Eva-Maria
Ame a você mesmo e... permaneça casado: um guia prático para evitar o divórcio e perceber que a pessoa certa está bem aí do seu lado / Eva-Maria Zurhorst ; tradução de Ana Carolina Bento Ribeiro. – Rio de Janeiro : Nova Fronteira, 2009. (Selo Sem Fronteiras)

Tradução de: Liebe Dich Selbst Und Es Ist Egal, Wen Du Heiratest

Tradução da versão inglesa: Love yourself... and it doesn't matter who you marry!

Inclui bibliografia

ISBN 978-85-209-2095-4

1. Relações homem-mulher. 2. Autoaceitação. 3. Amor-próprio. I. Título. II. Série

CDD 306.7
CDU 392.6

Para Wölf e Annalena
Para Ruth e Eberhard

Eu não a amei porque fomos feitos um para o outro.
Eu apenas a amei.
Robert Redford como Tom Booker,
no filme *O encantador de cavalos*

Sumário

Prefácio: Não desista!

Eu sei que pode dar certo. Eu sei que o seu relacionamento pode ser do jeito que você quer. E como eu sei? Porque o destino colocou este livro em suas mãos. Talvez tenha sido presente de um amigo cheio de boas intenções. Talvez alguém tenha lhe falado: "Olha, se você quer mesmo salvar sua relação, por que não lê um livro sobre isso?" Talvez seu parceiro tenha jogado este livro em cima de você, gritando: "Por que não faz alguma coisa pela nossa relação?" Talvez ele tenha simplesmente surgido na sua frente — numa livraria, numa mesa ou na cabeceira — e dito: "Leia-me!" Talvez você esteja buscando respostas há muito tempo, procurando um novo ponto de vista, uma mudança fundamental no seu relacionamento. Mas, não importa como você chegou a este livro, tenha certeza de que, conscientemente ou não, você quer melhorar sua relação ou encontrar uma que valha a pena. Pode ter certeza também de que sua alma e seu coração estarão comprometidos com esse objetivo, mesmo que sua cabeça diga algo diferente.

Em que ponto você está agora? Já perdeu toda a esperança de que seu relacionamento torne-se cada vez mais intenso e compensador? Desistiu de tentar acertar as coisas com seu parceiro? Está tendo um caso atrás do outro? E o seu parceiro? Ele também está tendo casos? Sua vida sexual perdeu toda a graça? Vocês só brigam? Sua vida parece sem sentido ou funciona no automático enquanto você e seu parceiro ficam de conversa fiada?

Talvez vocês não consigam perdoar um ao outro e estejam presos numa teia de ressentimentos. Talvez estejam em guerra por causa da pasta de dentes aberta ou dos farelos que ficaram na mesa. Talvez essas coisas estejam ficando mais sérias e isso esteja assustando você. Talvez você já tenha lido dúzias de livros e feito terapia de casal, e ainda assim não achou uma solução para os problemas do seu relacionamento.

Não se desespere — as coisas ainda podem dar certo! Você e seu parceiro ainda podem reencontrar o caminho do amor verdadeiro — ou descobri-lo pela primeira vez. Eu sei que isso é possível, apesar de parecer que só pode acontecer por milagre. Quando acontecer, vai parecer que foi algo milagroso! E tudo isso depende de você. Você pode ter a relação que quer com seu parceiro atual — não importa se agora ele parece superdistante e nada atraente ou lhe causa repulsa. Eu sei que pode dar certo porque eu mesma passei por isso.

Posso parecer uma especialista em relacionamentos porque estudei o assunto durante anos, li muito sobre isso e aprendi muito com professores bastante competentes. Também trabalhei com muitas pessoas para melhorar suas relações. Tudo isso é muito importante, mas a verdade é que agora eu sei que as coisas podem dar certo porque ainda estou casada com meu marido, e estou profundamente feliz com isso.

No começo, com certeza não parecíamos o casal dos sonhos. Havia períodos em que ninguém apostava que nosso casamento fosse durar. Hoje eu acredito que isso me forçou a procurar o verdadeiro poder por trás de um bom relacionamento. Agora estou convencida de que a vida fez com que nos encontrássemos e colocou tantos obstáculos no nosso caminho porque nossa verdadeira missão era superá-los, ganhar confiança e sentir os resultados da cura. Sem esses desafios nós nunca teríamos descoberto quanto amor, paciência, força e coragem estavam trancados em nossos corações. Nunca teríamos descoberto que duas pessoas podem juntas superar dificuldades aparentemente incontornáveis. E, em um plano mais pessoal, eu nunca teria conseguido aceitar a mim mesma, não teria conseguido escrever este livro.

A frase "Eu sei que pode dar certo!" é a verdadeira base do meu trabalho — e o que dá poder a este livro.

Este livro é dedicado a minha filha e a meu marido, com a mais profunda gratidão.

Eva-Maria Zurhorst,
Wuppertal, junho de 2003

Introdução

Deixe tudo para trás — e aí você poderá recomeçar

Eu não *queria* escrever este livro. Mas tive que escrevê-lo. Ele não me daria sossego: não me deixava em paz e ficava olhando para a minha cara o tempo todo. Ele queria ser escrito e, aparentemente, por mim.

Passei a minha vida inteira pesquisando relações, apesar de ter levado um bom tempo para me dar conta disso. Quando eu era mais nova, tinha todo tipo de objetivos, planos e sonhos, mas várias vezes, mesmo quando tentava realizá-los com todas as minhas forças, as coisas não aconteciam como eu queria. A vida me ensinou muito cedo que eu não podia controlá-la. Em vez disso, ela apenas corria e eu era convidada a participar.

Contra a minha vontade, a vida também me ensinou que ela muda o tempo todo — há um ciclo depois do outro — e que essas transformações são o real significado da minha vida. Ela me ensinou que a cada ciclo, e em todos eles, algumas coisas acabam e morrem. Por causa disso, me obrigo a ver as coisas de uma maneira diferente, a reavaliar problemas e a me desenvolver mais.

Houve uma época em que esses ciclos me deixavam tensa e assustada, mas pouco a pouco aprendi a ter confiança em que algo de novo sempre acabaria surgindo a partir deles. Aprendi a ficar alerta, a manter um direcionamento e continuar firme em relação ao significado da minha vida. Aprendi a deixar para trás velhos padrões e hábitos que me impediam de crescer. Aprendi a confiar que o caminho desconhecido à minha frente poderia ser a melhor parte da jornada e que nos próximos cruzamentos mais uma chance de ser feliz estaria esperando por mim. Nada terminava de fato.

E todas as vezes em que resisti a esse processo, essa mesma resistência, as pedras no caminho, os obstáculos que eu achava que estavam lá, acabavam se mostrando apenas um sinal de alerta. Sempre tive a chance de experimentar um sentimento de realização mais profundo e autêntico do que jamais sentira. Por várias vezes fui forçada a encarar o fato de um espaço conhecido se tornar vazio — apenas para dar lugar a algo novo. Porém, todos aqueles aspectos aparentemente novos da minha vida traziam a mesma mensagem. Sempre tive de lidar com a exploração de relações e com a aceitação de mim mesma — mesmo que não tenha percebido isso durante muito tempo.

Com vinte e poucos anos tive a oportunidade de trabalhar como jornalista no Egito. Aquilo era muito diferente da vida que eu levara até então, em termos culturais, religiosos e geográficos, e isso atiçou minha curiosidade. Eu era fascinada pelo papel que a religião desempenhava por lá, permeando todos os aspectos do dia a dia. Vida e fé pareciam intimamente interligadas, mas o preço era alto. Enquanto os cânticos islâmicos assombravam as ruas do Cairo, a todo lugar que eu ia, havia homens com olhos ardentes de desejo, de um jeito assustador, e mulheres que haviam desistido de si mesmas.

Aos vinte e tantos anos, minha busca interior me levou até o Cabo da Boa Esperança. No entanto, mesmo naquela terra de brancos e negros, não consegui encontrar respostas claras, e em vez disso passei a caminhar numa corda bamba entre dois mundos. Conheci pessoas que eram inimigas mortais e mesmo assim tinham os mesmos desejos mais profundos — independentemente da cor de suas peles.

Chegou um momento em que eu não conseguia mais expressar minhas próprias visões do *apartheid* e não me sentia capaz de continuar sendo jornalista. Fazer noticiários de rádio de três minutos sobre a situação na África do Sul parecia ser uma violência contra a verdade. As questões que eu levantava nas conversas com radicais de direita brancos quase nazistas ou com guerrilheiros negros que haviam sido torturados se tornaram cada vez menos políticas e cada vez mais psicológicas. Também falei sobre a África do Sul com pessoas cegas. Elas haviam aprendido a farejar ou ouvir uma cor de pele diferente. Para mim, tudo isso era absurdo. Eu tinha apenas um sonho: queria unir brancos e negros. Para continuar a ser verdadeira comigo mesma, encerrei minha carreira como jornalista na África do Sul e escrevi um livro para explorar meus encontros complexos e às vezes perturbadores com pessoas negras e brancas no Cabo da Boa Esperança.

Quando voltei para a Alemanha, meu próximo aprendizado já estava esperando por mim. O muro de Berlim havia caído. Consegui um emprego na área de comunicações e depois no departamento de recursos humanos de uma grande empresa da ex-Alemanha Oriental em Berlim. Depois de três anos trabalhando como uma espécie de pioneira na reestruturação da antiga parte comunista, tive uma crise nervosa no dia em que deveria apresentar nossas estratégias de comunicação para um público maior.

Dessa vez, o contraste não era entre brancos e negros. Como eu também era responsável pela comunicação interna da companhia, tornei-me uma espécie de ponte entre Leste e Oeste, entre a administração e a mão de obra. Eu havia ministrado cursos e seminários sobre desenvolvimento pessoal e muitas vezes o diretor me pedia para mediar todo tipo de negociações. Eu estava sendo, outra vez, desafiada a contornar distâncias insuperáveis entre as pessoas através da comunicação. Oficialmente, eu era responsável pelos meus funcionários e pelo andamento diário do meu departamento, mas, bem dentro de mim, eu havia sido novamente movida pela curiosidade e pelo desejo de reunir pessoas com históricos diferentes.

A crise nervosa causou impacto suficiente para me afastar de tudo e permitir que recuperasse a coragem e a confiança em mim mesma. Pedi demissão daquele emprego muito bem remunerado mesmo sem saber o que faria depois — o que significou dar adeus ao carro de luxo, à cobertura chique, às viagens exóticas e aos hotéis cinco estrelas. Reformei uma velha casa que estava quase caindo e comecei a viver de forma tranquila, ganhando a vida com pequenos trabalhos como redatora para agências de propaganda. Eu não tinha ideia do que meu futuro reservava.

Eu estava acabada. Eu sentia que havia procurado no mundo todo respostas que não existiam. Eu só tinha 32 anos e havia encerrado uma carreira, na qual viajava o tempo todo, com um nervosismo que acabava comigo, e estava vivendo como uma eremita depois de anos dando a volta ao mundo. Minha busca estava agora reduzida a duas questões: como poderia me realizar e fazer um trabalho significativo ao mesmo tempo? E como poderia criar melhores ligações entre as pessoas?

Encontrei uma estranha resposta para essas questões: fiquei grávida. Meu DIU saiu do lugar, e o destino me deu uma criança com vontade de viver suficiente para ultrapassar meu contraceptivo. E como pai dela, o destino me trouxe um rapaz que não conhecia dúvidas e incertezas, e cujas experiência e perspectivas de vida eram muito diferentes das minhas. Ele era seis anos mais novo que eu e estava acostumado a ter tudo o que queria sem grandes problemas. Era cheio de energia e atraente, quase sempre estava de bom humor e só queria se divertir, aumentar as vendas de sua empresa e aproveitar o sucesso nos negócios. Queria ser melhor que seus irmãos mais velhos um dia — e isso era tudo que ele tinha vontade de fazer na vida.

Até nos conhecermos ele tinha um agitado círculo social e uma série de relacionamentos superficiais. Eu me sentia uma estranha em seu mundo, não apenas porque minha aparência era muito diferente daquela das criaturas lânguidas e de longas pernas de que ele havia se cercado antes de me conhecer, mas também porque ele não incorporava nenhum dos meus ideais. Eu me sentia confortável em sua presença, e ele me fazia rir, mas nenhum de nós se apaixonou a princípio. Ele não era o gênio criativo com quem eu sempre sonhara, nem um talentoso arquiteto ou um escritor famoso. Ele não me oferecia um ombro amigo e não estava procurando um sentido para a existência nem mesmo a mulher da sua vida.

Até então eu sempre procurara uma relação séria, mas em vão. Sempre esperançosa, tive dois relacionamentos duradouros e várias tentativas. Mesmo assim, meu coração nunca se sentiu em paz. Eu teria adorado manter um relacionamento, me doar completamente a outra pessoa, mas sempre me sentia distante. Isso acontecia tanto pelo medo de ser abandonada quanto pelo temor de me sentir acorrentada. Todos que me conheciam estavam convencidos de que relacionamentos afetivos não eram para mim!

Meu novo noivo e eu não éramos um casal espetacular. Dificilmente aquele poderia ser considerado o melhor dos romances. Na verdade, eu mal conhecia meu noivo. Não éramos o casal dos sonhos — todos conseguiam enxergar isso. No entanto, logo nos tornaríamos pais — e não demoraria muito para que todos pudessem ver isso também. Estava claro para mim que eu ia ter um filho. E isso estava claro para ele também. “A gente vai dar conta!”, dizia ele. Deixamos tudo para trás, mudamos de cidade e nos casamos.

Dois anos depois: nossa filha está dando os primeiros passos. Nosso casamento é um poço de tédio de classe média. Mamãe faz a comida. Papai vai trabalhar. Não existe uma conexão real entre nós. Meu marido chega em casa cada vez mais tarde e me vê com menos frequência. Me sinto acorrentada a um parquinho infantil. Nós brigamos cada vez mais. Nossos amigos dizem que sabiam que nunca ia dar certo.

Nada está certo, mas por algum motivo não nos separamos. Nós suportamos tudo aquilo. Nos acostumamos a hábitos, rotinas. Cuidamos da nossa filha. No começo continuamos assim, entorpecidos física e emocionalmente. Silêncios acompanham ruidosas batalhas por poder. Então há um tortuoso cessar-fogo: a confortável existência diária, casos secretos, mudanças na carreira, mudanças de casa, falta de esperança e novos começos. Ainda assim não nos separamos. Todas as vezes em que estamos prestes a fazer isso, somos tomados pela tristeza e pela repentina certeza de uma ligação íntima profunda. Não é nada apaixonado, nada brutal; é mais como uma lembrança melancólica e silenciosa do nosso amor, e ela desaparece tão rapidamente quanto surgiu.

Esse sentimento não é a resposta para a minha busca interior, mas tem um poder mágico e magnético sobre mim. É como um código secreto que eu preciso decifrar. Nós dois começamos a procurar esse sentimento com vontade. Passamos a explorá-lo. De algum modo vou percebendo que um relacionamento significa algo completamente diferente de encontrar a pessoa certa. Algo dentro de mim diz: "Não desista!" De alguma forma descubro que o abismo entre mim e o meu marido é o mesmo que me separou de outros homens no passado. Por fim, quando estou desesperada e sou sincera o suficiente comigo mesma, admito que a culpa não é dele nem dos outros homens. A essa altura do nosso casamento, me sinto como se estivesse no meio de uma cidade sul-africana ou perto do velho muro de Berlim — querendo desesperadamente unir as pessoas apesar de elas estarem o mais distantes possível.

Agora meu marido e eu estamos em maior contato com nossas dores, conversamos um com o outro e lentamente começamos a enxergar o mundo com curiosidade, em vez de fazê-lo com medo e com uma atitude defensiva. Começo a pesquisar acerca de relacionamentos e leio todos os livros que consigo sobre o tema. Frequento cursos e inicio minha própria formação como psicoterapeuta. Cada vez mais meu marido e eu ousamos expressar nossas verdades individuais um para o outro. Dizer claramente quanto nos sentimos distantes um do outro na verdade nos faz sentir mais próximos outra vez. Com uma coragem crescente conversamos com nossos amigos sobre nosso casamento deplorável e descobrimos que as outras pessoas não estão muito melhores que nós. É um alívio tão grande! Agora começamos a nos sentir mais perto um do outro *e* dos outros.

Agora meu marido fica mais em casa, enquanto eu voltei a trabalhar, dessa vez como psicoterapeuta formada. Trabalho com pessoas que encontraram um beco sem saída em seus empregos, como aconteceu comigo quando eu era executiva. Finalmente as pessoas são o foco do meu trabalho.

Comecei a entender que tudo que tivemos que enfrentar pode ser passado adiante para os outros. Minha confusa busca por um trabalho que me realizasse faz sentido agora. Ao mesmo tempo, meu casamento está começando a ganhar vida novamente. Sucesso e realização chegam juntos.

Mais uma vez, os vários aspectos da minha vida de algum modo se juntam milagrosamente. Os problemas no casamento me levaram a um seminário com o dr. Spezzano. Eu me vi ali sentada com outras 150 pessoas e só sabia que ele era um renomado especialista em relacionamentos norte-americano e tinha escrito muitos livros. Eu não lera nenhum deles.

Com cerca de dez minutos de palestra eu estava tão emocionada que não consegui conter as lágrimas. Aquele cara ali em cima parecia saber tudo sobre mim. Deve ter sido um espião invisível na nossa casa durante anos, porque cada caso contado, cada exemplo, cada piada mostrava que ele conhecia a mim e a meu marido muito bem. E ele mencionava mecanismos e regras importantes em um relacionamento de uma forma prática — teorias sobre as quais eu vinha meditando há muito tempo, mas nunca realmente certa de que faziam algum sentido. Fiquei abalada e emocionada, mas ao mesmo tempo me sentia livre.

Durante três dias me deixei levar pelas lágrimas e por um tumulto interior. Então percebi que havia recebido a resposta para as questões mais importantes da minha vida profissional e privada. Qualquer que fosse o problema que a vida me apresentasse, sempre reduzia-se a uma questão: quanto eu amava a mim mesma. Tanto meu casamento quanto meu trabalho apontaram nessa direção, mas ela nunca havia sido mostrada para mim de forma tão clara e detalhada. Eu sempre soube as respostas, mas nunca confiei que estivessem corretas. Mas quando o dr. Spezzano colocou-as em foco, um novo mundo de compreensão abriu-se e solidificou-se dentro de mim. Agora estou feliz e louca para explorar esse mundo ainda mais a fundo.

E assim meu modo de trabalhar muda mais uma vez, bem como meu relacionamento com meu marido. Nós enfrentamos o nível seguinte do nosso casamento. Explicamos de maneira ainda mais clara o quanto nos tornamos estranhos um para o outro. Em troca, damos um ao outro compreensão e apoio, em vez de brigas. A nova consciência de nossas diferenças e desejos faz com que precisemos de menos palavras, mas ao mesmo tempo nossa comunicação melhorou radicalmente. Nossos amigos não acreditam. "Quem diria...?" Não conseguimos esconder nossa força e amor recém-descobertos. Agora com frequência somos percebidos como um novo casal.

No meu trabalho tenho me deparado cada vez mais com problemas de relacionamento pelos quais eu mesma passei. Um número crescente de casais chega a mim se sentindo tão sem esperança e derrotado quanto eu já me senti. Dificilmente alguém quer se separar. Dificilmente alguém entende como seu relacionamento chegou a tal estado. Porém, muitos desistem de sua relação e ficam cheios de culpa e preocupados com seus filhos.

Agora acho que me tornei uma especialista em relacionamentos, apesar de nunca ter escolhido fazer isso nem me anunciado como tal. Aconteceu naturalmente, como o leito de um rio é tomado pela água. Meu casamento era a nascente; livros e cursos, as primeiras tempestades que provocaram as cheias. O dr. Spezzano foi um verdadeiro dilúvio, e meus pacientes garantem o fluxo constante desse rio. Eles se tornaram meus professores. Com cada uma de suas questões eu percebi que aquilo por que passei no meu casamento tinha suas próprias regras secretas. As relações pessoais e profissionais e os conflitos raciais são governados pelas mesmas leis. Os relacionamentos só podem ser compreendidos e vividos se avaliados em profundidade. Os problemas em uma relação têm que ser encarados como uma oportunidade para saná-los. A separação não traz a cura, apenas a atrasa.

Este livro serve para levar o rio mais longe. É a minha forma de expressar minha gratidão pelo presente de ter o amor em meu coração. Ficarei feliz de verdade se, com ele, eu conseguir alcançar pessoas cujos relacionamentos passam por problemas, se conseguir transmitir um pouco da esperança, do amor e da coragem que descobri e encorajá-las a tentar reencontrar essas coisas em suas próprias relações.

Para quem este livro foi feito?

Este livro é para pessoas que estão em uma relação estável, mas insatisfatória. Para aqueles que vivem um triângulo amoroso ou enfrentam o divórcio. Para aqueles que traem os parceiros ou estão sendo traídos. Para aqueles que deixam seus parceiros vezes seguidas ou são deixados por eles. Para pessoas que esperam melhorar seu relacionamento, mas não querem fazer terapia de casal ou não encontraram o terapeuta certo. Para aqueles que estão há muito tempo na estrada do sofrimento.

Se você é um desses, talvez não acredite em mais nada e veja seu casamento como uma questão de rotina. Talvez tenha deixado de lado toda a esperança de encontrar intimidade com seu parceiro. Talvez algo dentro de você queira recuperar aquele antigo sentimento de amor. Talvez esteja desesperado porque tem um caso extraconjugal e é assombrado pela culpa e pela preocupação com seus filhos e seu casamento. Talvez já esteja considerando o divórcio, mas tenha medo de abrir o jogo ou de ser posto para fora de casa.

O que quer que haja de errado com a sua relação, minha experiência diz que existem duas formas muito comuns de lidar com isso: ou você se sente tão sufocado que acredita que fugir é a única saída, ou reprime até o menor desconforto e se faz de cego, surdo e mudo. Veja qual das opções se aplica à sua situação...

Você está exausto e desanimado?

Por fora, tudo parece bem, mas por dentro você se sente paralisado e sem ânimo? Você se sente insatisfeito às vezes? Tudo está simplesmente se arrastando? Parece que você e seu parceiro estão atuando em uma farsa? Seu parceiro é a última pessoa a saber como você está se sentindo de verdade? Você tem medo de que outras pessoas possam lhe dizer quanto sua relação é hipócrita? Quando vai jantar fora ou sai com os amigos, acha que os outros são muito mais felizes que você? Você está se esforçando demais, mas não chega a lugar algum? Sua vida sexual morreu, é apenas um ato mecânico ou precisa de novos truques para despertar algum interesse? Você se sente exausto? Tem um amante? Sonha com o amor verdadeiro ou pelo menos com um caso excitante? Está preocupado com seus filhos? Você está com medo de ter que deixar seu parceiro? Assustado com a possibilidade de seu sonho morrer? Teme a verdade em seu coração?

Ou você está sempre no meio do tumulto?

Você está sempre ocupado demais para lidar com o seu relacionamento? Detesta qualquer discussão sobre sentimentos? Tem medo de ser abandonado? Acha que seu parceiro tem dúvidas quanto ao que sente por você? Acha que ele tem uma amante? Descobriu que ele tem? Você está se enfiando em mais trabalho, novos hobbies e inúmeras atividades e não tem mais tempo para o seu parceiro? Você se sente excluído, reprimido ou sendo expulso de casa? Sente que nada que faça é bom o suficiente para seu parceiro? Está se deixando levar por casos que não quer de verdade? Está se entorpecendo com álcool, comida, drogas, TV, computador ou outros vícios — vícios que se tornam mais fortes quando você está em boa companhia ou sozinho?

Se você se encaixa em alguns ou em todos esses casos, você não precisa terminar sua relação, mas deve trabalhar muito em si mesmo. Você precisa querer melhorar de verdade. Você não precisa encontrar o par perfeito, mas ser radicalmente sincero e corajoso ao encarar seu relacionamento. E você precisa de força de vontade, compreensão, paciência e muita prática.

Parte I

Casamento não é uma coisa do outro mundo!

1
Não importa com quem você é casado

Não importa com quem você é casado. Você sempre vai terminar consigo mesmo, no fim das contas. O outro é só o pano de fundo para você testar suas necessidades, sua capacidade de amar, seus tabus e feridas, sua própria vitalidade e, acima de tudo, o abismo entre seus desejos e medos. Nenhum parceiro pode "fazer" você feliz ou garantir que você tenha autoestima e confiança em si mesmo. Sendo assim, não importa quem você encontre, no fim das contas você encontrará a si mesmo. Na minha opinião, essa é a razão para você continuar com seu parceiro atual, não importa quanto isso possa parecer desagradável para você agora. Há muito trabalho para ser feito no estágio em que você está, em relação à frieza, à raiva, ao ódio e ao nojo — trabalho para ser feito *em você mesmo*!

Sei que essa hipótese pode despertar descrença imediatamente. Afinal, não aprendemos desde pequenos que a princesa e o príncipe encantado se conhecem e vivem felizes para sempre? Na maioria das vezes, no entanto, o conto de fadas acaba no dia do casamento. E só cai a ficha sobre a realidade do dia a dia do casamento *depois* que ele acontece. E cada vez mais relações acabam bem antes do "para sempre".

Na Inglaterra, por volta de 40% dos casamentos acabam em divórcio. As estatísticas mais recentes mostram que quase 170.000 pessoas se divorciaram em 2004. Esses números cresceram desde o início dos anos 1990. Todas essas pessoas casaram porque estavam procurando alguma coisa e acreditaram encontrá-la no parceiro. Depois se divorciaram porque na verdade não haviam encontrado coisa alguma. O parceiro tornou-se uma farsa — o produto não era o que a embalagem bonitinha prometia. O casamento parecia uma grande fraude.

A maioria dos divórcios é desnecessária

Tenho certeza de que pelo menos 70% dos divórcios são desnecessários. E que não importa com quem você está casado, porque no fim das contas você só vai poder contar consigo mesmo! Eu gostaria de fazê-lo enxergar seu casamento de um ângulo ligeiramente diferente com essa hipótese. Ele não é um romance que vem embrulhado para presente. Na verdade, o casamento é o lugar de equilíbrio dos conflitos interiores de duas pessoas. Também nos dá a oportunidade de uma cura profunda e de um amor verdadeiro e generoso. Alguns filósofos dizem que a vida é uma escola. Se isso for verdade, então os relacionamentos íntimos e o casamento são as melhores universidades. São onde você enfrenta os testes mais difíceis, onde pode aprender e crescer mais rápido que em qualquer outro lugar — e onde você pode receber as maiores recompensas.

Isso é o que a natureza quis — apesar de muitos contos de fada e novelas tentarem nos fazer pensar diferente. É no núcleo do casamento que a dinâmica mais desafiadora da vida se esconde. É uma espécie de paradoxo: apesar de o seu potencial para criar uma ligação íntima ser mais forte que em qualquer outra forma de relação, em nenhum outro lugar nossas fraquezas aparecem mais claramente do que em um longo compromisso. É ali que somos forçados a descobrir que sempre sentimos falta de algo — a nossa cara-metade — e que somos *apenas* um homem, *apenas* uma mulher.

Todo mundo nasce ou como homem ou como mulher, e assim, desde o começo, somos polarizados. Desde os nossos primeiros momentos não somos um todo — somos ou isso ou aquilo, homem ou mulher. Desde os primeiros momentos desejamos uma união física, emocional e espiritual com nosso oposto. Essa procura pela outra metade é parte de nós, um desejo praticamente escrito nos nossos códigos genéticos. Cada célula do nosso corpo nos leva a essa busca, até que encontremos alguém que pareça ser o que nos falta. Por fim, formamos um par e nos casamos. Nossa busca parece encerrada, e então nos sentimos completos.

Mas depois de alguns anos de vida conjunta, quantos casais parecem completos? Os parceiros parecem mesmo completos e em sintonia? Com que frequência eles parecem alegres e em harmonia? Ou capazes de se comunicar num nível profundo e significativo? Você conhece algum casal de longa data no qual ambos de fato completem um ao outro? Quantos casais aceitam suas diferenças como um desafio para se tornarem mais solidários e generosos? Quantos enxergam suas tensões como uma oportunidade para se compreenderem melhor? Se acreditarmos nas estatísticas de divórcio citadas, podemos chegar à conclusão de que é só uma questão de tempo antes que o convívio com outro ser humano se torne claramente insuportável. Podemos deduzir que, em vez de nos trazer a felicidade, a união e a proximidade que esperamos no dia do nosso casamento, viver com alguém na verdade deita a perder qualquer esperança de realização e o respeito pelo sexo oposto.

Este livro é sobre felicidade — sobre felicidade e harmonia nos relacionamentos. Ele prega que esses sentimentos podem crescer com o passar dos anos. Ele vai mostrar que somos plenamente capazes de alimentar esse tipo de felicidade. E quer derrubar a crença de que para alcançar tal estado só precisamos do parceiro certo. Este livro vai confirmar que *só depende de você* renovar sua relação com vida e amor — mas para fazer isso você tem que se focar no seu interior.

Você é seu único parceiro de verdade

A completude que todos procuramos existe. Apenas não está onde pensamos. Ela não é encontrada no mundo exterior. Só pode ser achada em nós mesmos, em nossos próprios núcleos interiores. Todos nascem com ela, mas dificilmente alguém se lembra disso.

Sem qualquer contato com o que realmente somos, estamos sempre procurando algo, nos sentindo inseguros em relação a nós mesmos, e somos dilacerados por nossas necessidades contraditórias. Queremos liberdade, mas desejamos proximidade. Procuramos paixão, mas nos assustamos com ela. Sonhamos, mas nossos problemas colocam nossos pés no chão. A generosidade se alterna com a mesquinharia. Todo tipo de contradições, conscientes ou inconscientes, valorizadas ou rejeitadas, sacodem nossas vidas. Queremos fugir disso tudo, mas nos sentimos obrigados a nos importar com os outros. Cada fibra do nosso corpo quer explodir e enlouquecer, mas nossa criação não permite. A mulher dentro de nós, cheia de sensações, quer amor físico desenfreado, mas o lado maternal tem que ser responsável por todo mundo. O herói poderoso sonha com liberdade e aventura, mas o garotinho fica feliz quando alguém cuida dele, cozinha e organiza seu dia.

Quando tentamos encontrar felicidade numa relação com outra pessoa, o que estamos procurando é harmonia e equilíbrio em nós mesmos. Estamos buscando um caminho de volta para o que realmente somos. Nosso tesouro mais precioso está escondido em uma nuvem de tensão. Por um lado, isso é resultado de tantos dos nossos sentimentos não terem sido resolvidos e, portanto, reprimidos: trancados como animais numa jaula. Por outro, isso se deve ao fato de não conhecermos partes de nós mesmos que agora lutam entre si no nosso inconsciente. O resultado é o caos e a falta de rumo.

Mas essa mutilação interior não chega à nossa consciência de uma forma claramente definida. Só conseguimos sentir que há algo faltando em nossas vidas. Então procuramos essa ausência fora de nós. Começamos a buscar nossa cara-metade, nossa alma gêmea, a pessoa que foi feita para nós. No fundo, no fundo, quase todo mundo espera encontrar a felicidade numa relação com alguém que nos completa, nos dá apoio, nos entende, nos atrai e nos equilibra — que nos torna inteiros.

Mentiras, cintas e outros assassinos da paixão

Para encontrar essa pessoa ideal, nossa cara-metade, e mantê-la, mostramos o melhor de nós mesmos, é claro. E é aí que os problemas começam. Para mostrarmos somente o nosso melhor, deixamos aparentes todos aqueles aspectos que consideramos apresentáveis e aceitáveis. Depois de um tempo, fazemos isso de forma automática, especialmente se nos machucamos ou nos sentimos rejeitados repetidas vezes.

Então, quando conhecemos um novo parceiro, estamos apresentando somente aqueles aspectos que consideramos aceitáveis. No nível do inconsciente, também tentamos atender a todas as exigências da família e da sociedade. Ao mesmo tempo, tratamos de esconder dos outros e de nós mesmos o lado "menos atraente" da nossa personalidade. Esse jogo de esconde-esconde só funciona se ninguém se aproxima de verdade de nós.

Num filme que vi recentemente, uma jovem se prepara para o tão esperado encontro com o homem dos seus sonhos. Ela está em frente ao espelho usando um vestido apertado. Em uma mão ela segura uma *lingerie* pequena, sexy e rendada. Na outra, uma cinta cor de pele que cobre da sua barriga até suas coxas. Ela encara uma escolha difícil. Com a cinta ela pareceria magra, em forma. Mas e se o encontro acabasse na cama e o homem dos seus sonhos descobrisse o monstro cor de pele quando tirasse sua roupa? Por outro lado, se ela escolhesse a calcinha sexy, ele veria sua barriga saliente e isso poderia impedir que ele levasse as coisas adiante do mesmo jeito.

Nada expõe nossos segredos de forma mais aberta, nada revela nossos pequenos subterfúgios de forma mais direta do que uma relação íntima. Quanto mais próximos nos permitimos ficar de outra pessoa, menos conseguimos nos controlar e funcionar da maneira que gostaríamos. Na verdade, vivenciamos nosso lado menos atraente. Ficamos com raiva e mal-humorados. Nos sentimos feridos, incompreendidos e sem forças. Ameaçamos e caímos fora, nos apegamos e lamentamos, fugimos. Quanto mais nos abrimos, mais vulneráveis nos tornamos; quanto mais tentamos nos defender, mais da natureza que escondemos vem à tona. Tudo o que a outra pessoa fez foi tirar seu vestido — e não fazer você parecer gorda. Claro que é de vital importância que olhemos honestamente para nós mesmos e aprendamos a nos aceitar da maneira como somos.

Isso significa ter coragem para mergulhar em todos os nossos aspectos de que não gostamos, que tentamos ignorar, detestamos, desprezamos e, enfim, reprimimos. Porém, se não explorarmos essas características e não as aceitarmos de peito aberto, continuaremos a afastar todas as pessoas que as trazem à tona — ou seja, qualquer um que se aproxime de nós. Então precisamos olhar para dentro, cuidar das nossas próprias áreas problemáticas e, afinal, transformá-las. Transformar não significa banir. Significa reconhecer a real essência de alguma coisa e moldá-la com uma forma diferente. No caso de um pneuzinho na cintura, significa descobrir se ele vai ter uma importância mais profunda ou até mesmo alguma utilidade.

Todos nós odiamos nossas gordurinhas, sejam elas físicas, espirituais ou emocionais. Elas mostram aos outros quanto somos imperfeitos. Elas nos deixam com raiva e vergonha de nós mesmos. E atacamos essas gordurinhas com cintas. Se não funcionar, tentamos nos livrar delas completamente. Paramos de fumar, começamos uma dieta, bebemos menos e mostramos apenas nosso lado bom para o parceiro. Mas jamais admitimos que nos sentimos magoados e deslocados. Ou que caímos na tentação de comer quilos de chocolate ou nos entupimos de doces e salgadinhos porque nos sentimos sozinhos e desprotegidos. Ou que recorremos ao cigarro ou à bebida porque nos sentimos deprimidos e tensos. Não queremos ser fracos nem ter gordurinhas. Então lutamos contra nossas fraquezas, nossos erros e, no fim das contas, contra nós mesmos. Porém, qualquer um que lutou contra um vício só com a força de vontade sabe que isso dificilmente funciona a longo prazo. Podemos manter a disciplina por um tempo, mas no final sempre cedemos.

Vícios, dependências e desejos descontrolados...

Já o modo de se livrar de um vício para sempre é outra coisa. Para começar, o processo de desenvolvimento do vício deixa claro que não é o cigarro, o chocolate ou o vinho que faz você se sentir bem. Independente do que você use, só serve para encobrir uma sensação ruim, uma tensão interior. A sensação gostosa não é realmente boa, já que só mascara a sensação ruim. Essa sensação desagradável não desaparece de verdade — você se esquece dela apenas enquanto o efeito da substância ou do comportamento viciantes durar. Isso também serve para a maioria das relações, nas quais consumimos nossos parceiros como uma droga para combater nosso vazio interior.

Assim que conhecemos essa ligação, o ciclo interminável de todo vício — inclusive nossa carência por atenção e por relacionamentos — se torna claro. Dessa forma, é muito mais importante explorar o verdadeiro núcleo da nossa dependência do que aquilo que nos distrai de nossa dor.

Todos os vícios são bem-intencionados. Nos submetemos a eles porque queremos adicionar algo a nossas vidas, seja um parceiro, comida, bebida, cigarro ou drogas. Quando nos entupimos de comida, na verdade procuramos um contato físico caloroso, que nos alimente. O álcool nos ajuda a liberar sentimentos endurecidos e reprimidos. Depois de alguns copos, nos liberamos, relaxamos e ficamos menos inibidos. Espera-se que o cigarro adicione liberdade e aventura à vida — precisamos de um quando estamos ao telefone, ou quando falamos e pensamos. E espera-se que o parceiro seja a grande soma de tudo — a única pessoa capaz de nos fazer sentir completos.

Em algum momento de nossas vidas, nosso sentimento original de completude foi destruído. Ou não foi satisfeito, ou foi condenado e rejeitado pelos outros e não conseguimos suportar a dor que isso causou. Então nos desligamos daquela necessidade e nos obrigamos a acreditar que não precisamos mais dela. A dor acabou e ninguém pode nos ferir outra vez, mas lá no fundo um vazio insistente se esconde. Sem sentimentos reais e um contato significativo com os outros, nunca poderíamos ser completos outra vez. Sendo assim, os vícios preencheram o buraco e tudo ficou bem.

A maioria de nós continua agindo assim por um tempo, mas cedo ou tarde todos temos que reconhecer que entramos em um círculo vicioso. De fato, não estamos ganhando nada com nossos vícios, mas precisamos cada vez mais deles. Ainda assim, só conseguimos nos distrair temporariamente. Se formos sinceros, temos que admitir que nosso vazio cresce sob todas essas distrações, que cada tentativa de se acalmar, se entorpecer e se liberar só funciona por pouco tempo, que nenhum parceiro será perfeito a longo prazo e que precisamos cada vez mais da nossa droga particular.

Só poderemos fechar nossas feridas quando tivermos coragem de sentir as emoções que entorpecemos, quando encararmos aquilo que tentamos esquecer e encontrarmos o que realmente queríamos adicionar a nossas vidas através do vício. Então poderemos proporcionar a nós mesmos o que não recebemos antes. Se ousarmos seguir esse caminho, transformaremos o vício em um poder que realmente adiciona algo a nós mesmos.

O mesmo vale para as partes rejeitadas ou reprimidas da nossa personalidade. Com o tempo, assumimos todo um conjunto de papéis, um após o outro. Tentamos ser parceiros amorosos, pais cuidadosos, colegas prestativos e amigos leais. Aprendemos que é bom ser tudo isso e integramos todo esse catálogo de exigências ao nosso sistema de valores pessoais. Mas e se não conseguirmos corresponder a esses padrões e expectativas?

Quando éramos bem pequenos, aprendemos que, dependendo do nosso comportamento, podíamos ser uma criança boazinha ou má. Desde então, aprendemos a esconder todos os nossos defeitos. Mas, por mais que tentemos cumprir com a imagem de boa pessoa, dentro de nós as necessidades são completamente diferentes. Quando crianças, queríamos ser livres e barulhentos, experimentar as coisas, ter tudo ao mesmo tempo — *agora*! E quando adultos, às vezes, em silêncio, desejamos paixão, sonhamos em fazer nossas doideiras ou queremos gritar com todo o mundo, e todas essas necessidades implacáveis nos levam inevitavelmente ao consumismo. Dependendo do quanto somos disciplinados, resistimos a esses desejos. Engolimos em seco e apresentamos ao mundo nosso melhor. Se isso não funcionar, começamos a construir um desvio para todos os nossos "maus" desejos, vontades, sentimentos e necessidades. Nos entupimos de comida, ficamos chateados ou nos permitimos em segredo, pelo menos uma vez, sermos amantes loucos e apaixonados.

Quanto mais fingimos que essa parte inaceitável de nós mesmos não existe, e quanto mais tentamos escondê-la, rejeitá-la ou compensá-la, cumprindo nosso papel de bonzinhos ou apenas a reprimindo e a esquecendo, menor a chance de ela desaparecer. Na verdade acontece o contrário — tudo o que banimos do nosso consciente emerge em outros lugares, muitas vezes de forma distorcida. Isso acontece em relações íntimas, particularmente, com toda a força. Todas aquelas partes de nós mesmos que seriam detestáveis se refletem da forma mais clara possível nos nossos encontros mais íntimos. Então, em nossos relacionamentos, perdemos o controle, escondemos, traímos, desistimos de nós mesmos ou desejamos mais. E ficamos com raiva. Não pode ser nossa culpa! Nosso parceiro nos levou a essa distração, nos abandonou e nos "fez" infelizes; quase nos afastou totalmente. Nós fazemos tudo o que podemos para ter uma relação amorosa. Não temos o menor conhecimento de todos esses sentimentos e pensamentos "ruins", destrutivos e sabotadores em nosso interior e não queremos nem ouvir falar deles.

Não canso de repetir: só existe uma forma de cura verdadeira, só um caminho para uma relação amorosa autêntica e bem-sucedida — temos que enfrentar nosso abismo interior com coragem e sinceridade.

Para isso você não precisa de anos de terapia ou uma autoanálise angustiante. Tudo o que é necessário é uma proximidade real com seu parceiro e uma verdadeira vontade de explorar seu próprio mundo interior. Quando isso levá-lo a descobrir qualidades desagradáveis e temores escondidos em si mesmo e em seu comportamento, você vai começar a ver as dificuldades em seu relacionamento sob uma luz diferente. Então você terá uma ideia de quanto suas crenças negativas, muito bem escondidas e talvez até destrutivas, refletem de verdade o que ocorre na superfície. Apesar de desejar atenção e amor, por exemplo, em um nível inconsciente, você acha que não merece isso. Apesar de querer proximidade, você a evita ao mesmo tempo. Pode até começar a achar que nunca se sentiu digno de ser tratado de uma forma que não fosse ruim. Pode perceber que seus relacionamentos sempre seguiram o mesmo padrão e entender que não é possível romper compulsivamente esse padrão apenas escolhendo um novo parceiro.

Esse trabalho não pode ser feito somente pelo seu consciente. Mesmo se decidirmos nunca mais ter um relacionamento como o anterior, prometermos nunca passar por algo semelhante outra vez, jurarmos nunca mais querer alguém como aquela pessoa de novo e então escolhermos conscientemente uma pessoa muito diferente do parceiro anterior, acreditando que dessa vez tudo será melhor, nossos padrões, crenças e feridas escondidos vão acabar fazendo com que tudo se repita.

Por que tudo continua igual quando deveria mudar?

Quando Cátia me procurou pela primeira vez, ela havia acabado de terminar com seu parceiro de longa data porque ele tivera uma série de casos em pouco tempo. Por fim, um novo homem a salvou das garras desse Don Juan sem coração. Todo mundo estava feliz, porque o novo parceiro era obviamente muito mais amoroso e protetor. Ele lutou muito para conquistá-la, e no final eles se casaram e tiveram filhos. Anos se passaram e então esse mesmo homem pareceu passar por uma transformação radical. No final, ele até dirigia o mesmo tipo de carro que o ex de Cátia. E em determinado momento ele a traiu de uma forma ainda mais escandalosa e sem consideração que o antigo companheiro.

O primeiro marido de Camila havia batido nela e tomado seu dinheiro. Os amigos dela diziam: "Ele era egoísta e descontrolado." Todos achavam que ela merecia algo melhor. Seu namorado seguinte parecia tão diferente! Era mais gentil, simpático e generoso. As coisas pareciam bem, mas, no fim das contas, as manchas roxas em Camila não podiam mais ser desprezadas. Ele também havia batido nela. Quando se separaram, ela teve que sair de casa com quase nada.

Você deve achar que essas histórias são casos à parte ou coincidências inacreditáveis, ainda que os relacionamentos sigam leis muito precisas que seu consciente não reconhece ou compreende. Cada uma de suas crenças interiores, de seus medos e defesas, não importa o quão profundamente estejam enterrados em sua alma, vão se manifestar na sua relação. Você pode viver sonhando com a mulher ideal, mas se tiver um medo inconsciente de mulheres ou ainda possuir dúvidas antigas sobre a integridade feminina, essas crenças vão saltar bem na sua frente. Você pode achar que isso tudo é exagero, mas, ao longo deste livro, vai entender que por várias vezes você recria todas as relações insatisfatórias que, na verdade, não quer.

Príncipes virando sapos — sensacional!

O fato de que há leis precisas regendo relacionamentos pode soar assustador. Talvez tenhamos que nos livrar das ilusões românticas. E elas serão deixadas de lado. Mas quando essas ilusões vão embora, o amor verdadeiro pode entrar.

Para começar, esperamos que um príncipe encantado apareça em um cavalo branco ou que uma linda princesa jogue suas tranças para nós. Procuramos em todo tipo de lugar por parceiros perfeitos, e na melhor das hipóteses encontramos homens e mulheres comuns. E, apesar de todo o nosso desapontamento, nos envolvemos com eles e eles se tornam sapos.

Um homem sábio disse certa vez: "O momento em que você se apaixona por alguém é o momento em que essa pessoa começa a virar sapo." Mas não há motivo para ansiedade, de acordo com esse sábio: "Não há nada de errado com os sapos — os sapos são maravilhosos. O mundo está cheio de sapos." Ele acha que devemos ficar felizes, pois nossos príncipes ou princesas viraram sapos. "Porque príncipes e princesas de verdade nunca se apaixonariam por sapos como nós. Simplesmente aceite que você é apenas um sapo e estimule sua curiosidade em relação ao outro sapo." Esta é a solução desse homem para os dilemas românticos.

Todos nós sabemos como queremos que as pessoas sejam: bonitas, fortes, espertas, sensíveis, carinhosas, educadas — temos toda uma lista de pré-requisitos, baseada no modo como fomos criados. O príncipe para uma pessoa pode ser o sapo para outra. Em qualquer caso, julgamos nossos parceiros de acordo com nossas expectativas pessoais. E quando elas não são correspondidas nós os chamamos de sapos ou monstros.

O amor verdadeiro, no entanto, não tem nada a ver com um ideal. Os pais de crianças deficientes sabem disso. Eles não as amam pelo que elas são, apenas as amam, e muitas vezes mais incondicionalmente do que poderiam imaginar. Porém, o mesmo acontece com crianças saudáveis — você sabe quanto pode amar profunda e devotadamente esses monstrinhos manhosos e chorões, e que em seu coração eles sempre serão pequenos príncipes e princesas.

Casais, pais, amantes

Você já se perguntou se abandonaria seus filhos? Se seu parceiro não cumprir bem o papel você o deixaria, não? "Com certeza!", alguns diriam. Você conhece pessoas que encontraram uma relação mais harmoniosa e pacífica na segunda tentativa. Eu também conheço. Algumas passaram por uma fase de profunda transformação e crescimento pessoal antes de a nova relação começar. A maioria, no entanto, somente se distanciou da fonte de sua dor, não da dor em si. Muitas dessas pessoas têm filhos de seus primeiros casamentos. Hoje, apesar de não serem mais um casal, ainda são pais juntamente com seus ex-parceiros e ainda não são casados com os novos.

O que quero dizer é: ser casado significa ser pai, mãe *e* amante — significa desempenhar todos os papéis e compartilhar cada parte sua. Nos casamentos em igrejas às vezes se diz: "Quando dois se tornam um." Isso não significa uma junção romântica entre dois corpos ou dois parceiros ideais se conhecendo, ou ficando juntos na empolgação do "de agora em diante" e perdendo qualquer espaço pessoal. Tornar-se um nesse sentido significa amar as diferenças em seu parceiro para viver seu amor-próprio mais profundamente. Significa ter total responsabilidade sobre si mesmo — inclusive sobre seu próprio espaço e limites — para conhecer o outro do modo mais verdadeiro possível. É tudo uma questão de reconhecer como a outra pessoa é — ela pode ser tão comum quanto você. Significa agir diferente, pensar diferente e aceitar as fraquezas e erros da outra pessoa.

Ser um casal é uma das formas mais importantes de amadurecer e aceitar outra pessoa. Em primeiro lugar, exige crescimento pessoal. Em seu sentido espiritual mais profundo, ser um casal significa superar a ilusão da separação — não a separação física ou geográfica, mas a separação pessoal da rejeição, do julgamento e da condenação.

O divórcio é o distanciamento das velhas feridas

Ser um casal também significa ter responsabilidades, cuidar e doar-se. Ser amante significa receber, descobrir, jogar e entregar-se. A vida nunca é totalmente uma coisa ou outra. Dentro de nós, os dois princípios também se alternam.

Quando dividimos nossas vidas em duas — quando somos pais em uma relação e amantes em outra —, transferimos nosso conflito interior para fora. Nossa relação com o ex-parceiro se resume sobretudo a dinheiro, deveres, educação, acordos e responsabilidade. Com o novo parceiro, paixão, liberdade e uma sensação de aventura entram na sua vida. Com essa pessoa, muitas vezes deixamos para trás as expectativas da família e da sociedade e finalmente permitimos que uma parte nossa, há muito reprimida, venha à tona.

Com o antigo parceiro, muitas vezes fizemos coisas de acordo com a forma com que fomos criados, e acabamos nos encontrando num beco sem saída de repetições e rotina. De forma inconsciente, acabamos envolvidos em todo tipo de padrão familiar. Às vezes até criamos nossos filhos do mesmo jeito que nossos pais nos criaram, apesar de termos decidido fazer tudo diferente. O antigo parceiro de alguma forma representa este velho "lar" — o lugar onde não tivemos permissão para sermos nós mesmos. Com o divórcio, deixamos essa velha casa e nos sentimos livres. O lado ruim é que, enquanto não tivermos consciência desses velhos padrões e as feridas de nossa antiga casa não cicatrizarem, continuaremos no mesmo caminho. No entanto, ao mesmo tempo, finalmente nos sentimos livres com o novo parceiro, enquanto nossa dor continua associada ao ex-companheiro. Distribuímos nossas tensões interiores entre duas pessoas, e uma parece certa e a outra errada.

Muitas vezes, a nova relação mantém sua mágica enquanto estiver livre de compromissos. Preste atenção em como as novas relações mudam quando assuntos como filhos e dinheiro aparecem. E olhe ainda mais atentamente para a influência das antigas relações. Os dois lados ainda podem ferir um ao outro durante um bom tempo depois da separação. Pensamentos destrutivos, tristes, vingativos, culpados ou saudosos, problemas e tensões podem dar origem a paixão e compromisso intermináveis entre ex-parceiros durante anos — às vezes, por toda a vida. Conheço vários casais separados que descobriram com o tempo que nenhuma separação, nenhum afastamento e nenhum divórcio podem provocar a separação no coração, e que a rejeição e o ódio podem unir tanto quanto o amor.

Você poderia dizer: "Mas a solução não pode ser ficar junto a todo custo. Você não pode ficar com um cara que bateu em você ou com uma mulher que o traiu." Não, essa não é a solução. Eu não prego que devem ficar juntos de qualquer forma até que a morte os separe ou ir empurrando uma relação quando as duas partes já a abandonaram emocionalmente há muito tempo. Fico triste quando conheço casais que ainda vivem juntos mas estão mais distantes do que aqueles que tiveram coragem de encarar as consequências e se separaram. Muitas pessoas acabam acorrentadas a outras em vez de seguirem juntas o mesmo caminho.

Existe um velho ditado que prega: "Se você quer se livrar das suas amarras, ame-as." Sinceramente, levei anos para entender o que isso queria dizer e aplicá-lo ao meu casamento. Talvez minha experiência o ajude a atingir esse objetivo mais rápido. Não estou defendendo nem o divórcio, nem que se deva manter uma relação a qualquer custo. Eu acredito fortemente no vigor, na autenticidade e na verdade, e o objetivo deste livro é fazer você reencontrar a si mesmo. Também espero que o livro faça você descobrir as mentiras que está vivendo e encontrar sua verdade por trás delas. Nesta jornada, você vai descobrir o amor e a vida em seu coração e nos corações das pessoas ao seu redor. Essa jornada rumo a si mesmo é também um caminho para resgatar o poder, o amor e a paixão em seu relacionamento.

A nova relação — "Tudo o que eu sempre quis!"

Muitos divórcios são resultado do fato de as pessoas não conseguirem mais representar seus papéis limitados. Os homens, em particular, acham que a armadura que tiveram que vestir em suas carreiras de repente ficou muito apertada. É como se eles precisassem se divorciar de suas esposas para deixar sua própria história para trás.

Se essa busca por si mesmo não ocorre a partir do interior, mas inicia-se a partir de um evento externo, isto é, se ela ocorre por causa de outra pessoa, o impacto é radical e explosivo em todas as áreas da vida. Uma transformação que poderia ter levado anos de decisões conscientes, pequenos passos rumo ao desenvolvimento pessoal e novos pensamentos corajosos agora passam como um furacão sobre uma vida bem-organizada.

Não é o novo parceiro que torna a relação entre duas pessoas diferente das experiências anteriores, mas uma vontade maior do casal de se comunicar e a coragem de encarar as consequências de seu amor. A atração pelo novo companheiro desperta o processo apaixonado de abertura que os solteiros nunca têm força ou coragem suficientes para empreender sozinhos.

O novo parceiro nos desafia e nos lembra o ideal que havíamos perdido de vista. Descobrimos algo de nós mesmos em outra pessoa, algo que queremos há muito tempo, algo antes deixado para trás na longa estrada da adaptação. Quando finalmente vivenciamos essa parte de nós mesmos no mundo exterior, algo dentro de nós também estremece. Apenas se tivermos nos desviado muito do nosso verdadeiro caminho, estaremos realmente prontos para sair do espaço pequeno e restrito da nossa antiga relação — e ir além de nossas limitações.

Descubra sua própria força, brilhe com seu próprio entusiasmo

O novo amor pode provocar o furacão da mudança, mas ela também pode ter outras fontes. Muitas vezes, as pessoas passam por isso após uma crise séria ou uma doença quase fatal. Acontecimentos tão graves podem paralisar completamente as vítimas ou trazê-las de volta ao verdadeiro caminho, instigá-las a recuperar quem elas eram antes e as suas forças. Com frequência você lê sobre pessoas em situações terríveis que encontram sua coragem, seu entusiasmo, seu espírito de luta.

Pessoas que superaram um forte vício também podem desenvolver uma força que ninguém imaginava. Quando viciadas, elas procuravam satisfação física, mental ou emocional, mas só encontravam um vício ainda mais forte. Durante o processo de afastamento, tiveram a oportunidade de analisar cada aspecto de sua situação e remover cada camada de paralisia, fraqueza, ganância e desamor. Ao atingirem o sucesso, podem finalmente descobrir sua verdadeira força, às vezes até nas crenças interiores mais profundas, e trazê-la de volta às suas vidas. O espaço dentro delas que havia sido devorado pelo vício pode agora transbordar de força, entusiasmo e criatividade.

Todos podemos passar por isso. Talvez o façamos com nosso parceiro atual, mas, se for o caso, nós mesmos teremos que provocar as tempestades que vão levantar as ondas que nos levarão. Precisaremos de muita coragem para dizer e viver nossa própria verdade, sob o risco de ferir nosso parceiro e todos os outros ao nosso redor. Teremos que deixar nosso conforto e estar preparados para não ser amados nem compreendidos. E teremos de estar preparados para ficar com nosso parceiro, do mesmo modo que também deveremos estar preparados para ir embora.

Alguns pensadores chamam o casamento de "diálogo". Para manter esse diálogo, em seu ponto de vista, os parceiros devem entrar em uma "conversa radical" contínua. Eles teriam que se dispor a compartilhar seus pensamentos e sentimentos mais íntimos — para enfrentar seus medos e respeitar suas diferenças.

Não acho que este seja um caminho fácil. Não estou pregando que é mais fácil ficar junto do que se separar, mas acredito que seja mais construtivo. Estou homenageando o bom e velho casamento mais por razões práticas que morais. Minha vida me convenceu de que não há missão maior do que superar nossa própria natureza, dia após dia, para conhecê-la melhor. E, para realmente encontrá-la, devemos realmente encontrar outra pessoa. E isso vai nos mostrar para sempre que não precisamos de nada dos outros.

O que quero dizer com isso é que, quando acreditamos que precisamos de algo, indiretamente declaramos que somos fracos e incompletos. Sempre que descobrimos que não precisamos mais de alguma coisa, nossa autoestima e nossa capacidade de amar crescem e, paradoxalmente, trazem a satisfação interior. Isso mostra que tudo o que deixamos de lado ao longo da vida — a começar pelo seio materno — nos torna mais ricos, livres e seguros. Crescer é ir deixando de lado essas necessidades aos pouquinhos, e não precisar de algo novo sempre.

Em termos de relacionamentos, sempre parecemos estar procurando algo de que sentimos falta: o parceiro ideal, muita atenção e amor. Porém, apesar de aparentemente procurarmos nossa cara-metade, o que queremos de fato é curar a nós mesmos.

Se ficamos em um relacionamento e realmente entendemos o que isso significa, oferecemos a nós mesmos a melhor oportunidade de crescer e curar-nos. Afinal, o melhor terapeuta do mundo não é capaz de explorar nossos sentimentos reprimidos com tanta rapidez e precisão quanto nossos parceiros. Eles conseguem ativar nosso lado negro todos os dias! E mesmo que possamos odiá-los, precisamos saber que eles nos ajudam a encontrar os demônios dentro de nós e a mandá-los embora.

Nessas situações, se tivermos coragem para uma mudança radical de perspectiva, conseguiremos admitir que nosso parceiro não é a causa, mas o estopim de nossos problemas. Então, se pudermos ser verdadeiros com nós mesmos enquanto entendemos e melhoramos todos esses nossos aspectos indesejados e desagradáveis, estaremos fazendo nosso trabalho. E, quando lidamos conosco de um jeito tão generoso e intenso, progredimos cada vez mais com nosso parceiro, e o amor se torna mais profundo, livre e forte. E quando curamos nossa relação dessa forma, nossos filhos automaticamente experimentam essa cura. E, quando nossos filhos estão se curando, toda a sociedade também está.

2
Sempre casamos pelos motivos errados

Poderiam dizer que a razão para nos sentirmos tão incompletos é que nascemos ou homens, ou mulheres. Somos uma coisa ou outra, nunca algo completo, sempre só a metade de um todo. Vista assim, nossa busca pela relação correta é mais necessária que romântica. Podemos ver que sempre sentimos falta de algo, estamos sempre à procura de alguma coisa para preencher nossos vazios.

Então continuamos solitários até que o príncipe encantado apareça ou que encontremos amor e carinho em uma nova esposa. De qualquer forma, um novo relacionamento traz algo para a sua vida. Sem uma relação, algo fica faltando. Então estamos em uma eterna busca por uma relação que nos faça sentir felizes e vivos.

Contudo, se pensarmos assim, já teremos um problema. Porque passamos a precisar de um relacionamento como um apoio para não nos sentirmos sozinhos ou infelizes. E, mesmo que essa relação pareça maravilhosa por fora, cedo ou tarde essas expectativas vão destruí-la.

Dois pernetas aprendendo a andar

Nesse tipo de relação, uma pessoa com uma perna só está procurando outra pessoa de uma só perna para conseguir andar.

Os dois se juntam, passam a ter duas pernas — e andam! Problema resolvido. Na fase inicial de felicidade, eles até esquecem que eram pernetas. Até o dia em que um deles resolve mudar de direção ou velocidade... e de repente o outro é cruelmente lembrado de sua deficiência. Eles não conseguem andar sozinhos e começam a mancar. Eles caem. E, como tinham esquecido por completo que nasceram com uma perna só, culpam a outra pessoa por mancarem e caírem, e até pela própria deficiência. A maioria das pessoas passa por isso em algum momento. De repente, há algo faltando no relacionamento — carinho, apoio, segurança, paixão, atenção — e é tudo culpa do outro.

Se você entra numa relação sendo só metade de uma pessoa e então começa a achar que precisa de alguém para suprir as partes que faltam, acaba fundando as bases para o conflito e a separação. Seu parceiro não pode *fazer* você feliz. Ele pode se considerar sortudo se conseguir fazer feliz a si mesmo. No começo, você pode ser invadido pela ilusão de que essa nova pessoa maravilhosa ao seu lado está trazendo novas coisas maravilhosas para a sua vida, mas é só uma questão de tempo até vocês brigarem pelas mesmas características que antes eram fator de atração, ou porque elas o afastam de seu parceiro, ou não atendem suas expectativas.

As razões do relacionamento acabam, o parceiro continua ali

As mulheres casam-se com os homens porque eles são bem-sucedidos, espertos e fortes, porque são capazes de matar bichos, fazer contas e são bons de cama. Mulheres casam-se com homens porque eles são iguaizinhos ou completamente diferentes de seu pai. Mulheres casam-se com homens porque eles são os pais de seus filhos ou porque suas amigas gostam do cara. Mulheres casam-se com homens porque seus pais arranjaram tudo, porque vão ter dinheiro ou ganhar um passaporte estrangeiro com isso.

Homens casam-se com mulheres porque todos os seus amigos a acham irresistível, porque elas são lindas, têm uma bunda maravilhosa ou cabelo louro. Homens casam-se com mulheres porque podem conquistá-las. Homens casam-se com mulheres porque elas sabem lidar muito bem com eles. Homens casam-se com mulheres porque elas cozinham bem, tanto quanto a mãe deles — ou melhor. Homens casam-se com mulheres porque querem uma família ou porque precisam de alguém que os admire. Homens casam-se com mulheres porque querem sexo ou têm medo de ficar sozinhos.

Todos nos casamos por algum motivo. Na maior parte das vezes, no entanto, essas razões parecem se tornar uma maldição. Homens bem-sucedidos nunca estão em casa. Mulheres bonitas ficam enrugadas e com celulite. Todas as razões pelas quais nos casamos se tornam desilusões, mudam ou meramente desaparecem. Nossas esperanças se tornam uma ambição desmedida — nada é bom o suficiente. A beleza some, o sucesso não traz satisfação. Precisamos de mais sucesso, mais beleza, mais atenção, mais cuidado. Mais sexo. Queremos sempre mais. Em determinado momento nos sentimos vazios por dentro ou como se estivéssemos morrendo lentamente. Muitas vezes essa busca frustrante pelo que precisamos simplesmente leva a um novo parceiro que nos promete mais satisfação e realização.

Não importam as nossas razões para casar, considerando a duração do casamento, são todas voláteis e mutáveis. Elas são na verdade apenas indicadores da nossa própria fraqueza. Por isso, um dos passos mais importantes que você pode dar para renovar sua relação é descobrir por que casou com seu parceiro. A maioria diria: "Bem, porque eu estava apaixonado!", mas nenhuma outra frase pode ter mais significados diferentes que "Eu amo você": ou tem muito pouco a ver com a pessoa para quem é dita, ou expressa demais as necessidades subjetivas de quem fala.

O modelo do *iceberg*

Todo mundo tem vários problemas emocionais, grandes e pequenos. A maioria não é consciente, mas sempre condiciona nosso comportamento. Isso não é fácil de compreender, então aqui vai uma forma de tornar as coisas mais claras. Junte seus polegares e indicadores formando um pequeno triângulo. Eu chamo essa figura de ponta do *iceberg*. Simboliza a parte de você que é visível para si mesmo e para os outros — a parte de que você tem consciência. Essa é a parte que se apaixona. Essa é a parte que acredita que você conheceu o homem ou mulher dos seus sonhos, a parte que diz "Eu amo você" para outra pessoa. Essa é a parte responsável pelo "Eu aceito" no dia do casamento.

Agora segure o triângulo que você formou com os dedos em frente à sua testa e imagine que seus antebraços são uma extensão dos seus dedos. Agora você tem todo o *iceberg*. O pequeno triângulo no topo formado pelos seus dedos, a parte que se apaixona ou encontra sua cara-metade, só simboliza a parte visível acima da água — o que você chama de "eu".

Na verdade, essa é a sua menor parte. Seu ser real, sua personalidade mais complexa, é a parte maior que vai dos seus pulsos até os cotovelos. Nessa parte de baixo estão todas as coisas que sumiram da sua consciência ou que nunca chegaram até ela. Lá está tudo o que não era permitido na sua família. Tudo o que aprendemos que era indesejável. Tudo o que machucou tanto que você preferiu reprimir ou esquecer em vez de enfrentar de novo. Tudo o que você nunca compreendeu, aceitou ou aturou. Tudo o que você nunca se sentiu capaz de fazer. Todos os seus velhos padrões, as primeiras experiências da infância, dores, feridas e medos, assim como seu potencial não aproveitado, a vitalidade que você não consegue expressar, seu amor por inteiro. Todas as coisas boas que um dia foram naturalmente uma parte sua, mas não encontraram espaço ou aceitação. Aqui embaixo as coisas foram mal. Poder e desejo que não foram expressos, vontades e impulsos proibidos se tornaram agressividade, vergonha, mesquinharia e ódio, coisas pelas quais acabamos nos condenando porque nunca nos lembramos das boas intenções por trás delas.

É claro que o modelo do *iceberg* também vale para nosso parceiro. Enquanto acima da água — o limiar da consciência — dois pequenos *icebergs* vagam pelo oceano, cheios de respeito mútuo e desejo intenso, sussurrando "eu amo você", embaixo da água o que acontece é outra coisa. Esse "eu amo você" pode virar "eu amo você se fizer o que eu quero" ou "eu amo você se se comportar como meu pai". Os triângulos pequenos estão planejando seu primeiro filho enquanto embaixo da água as pontas dos triângulos maiores estão se chocando, reabrindo velhas feridas, e os dois vilões rejeitados estão começando a brigar.

Na verdade, esses supostos "malvados" são criaturas órfãs, frágeis, em busca de atenção, que seguem sua própria lógica. Com poucas exceções, a maioria se origina na infância e essas pessoas funcionam e agem como crianças. Acima da água queremos amar nosso parceiro de forma profunda e madura, enquanto a criança ferida que está embaixo se encolhe num canto, morrendo de medo de ser abandonada. Enquanto acima da água queremos amar e nos doar, embaixo, partes de nós mesmos sabotam nossos planos e escolhem constantemente negatividade, distância, egoísmo, medo e desconfiança.

A criança dentro da gente ainda está viva!

Como podemos agir de uma forma tão dividida e desordenada? Desde que nascemos, procuramos completude e perfeição porque somos "apenas" um homem, "apenas" uma mulher. Mas, para uma criança pequena, o desejo básico e profundo de uma conexão com o mundo ao redor é bem diferente do que é para um adulto. Quando crianças, não procuramos o relacionamento certo, os pais certos, a aceitação certa. Somos muito passivos e receptivos. Só levamos em conta o que acontece ao nosso redor. Absorvemos proteção, carinho e atenção assim como desarmonia, abusos e rejeição. Simplesmente colocamos para dentro tudo o que acontece e achamos que o mundo é assim mesmo.

É nesse estado absolutamente receptivo e sem julgamentos que se dá o crescimento. Se recebemos proteção, carinho e atenção suficientes, crescemos. Quando essas coisas faltam, não há crescimento. Então, com o tempo, uma personalidade própria com partes reprimidas e deficientes se forma, com as respectivas visões de mundo ligadas à fase de desenvolvimento na qual foram podadas, feridas, abusadas ou apenas não atendidas. Se quando bebês tivemos que sobreviver sem algo fundamental, hoje há uma parte de nós que reage e funciona como um bebê faminto, assustado, temeroso ou solitário. Se fomos machucados, abusados ou traumatizados na puberdade, uma parte nossa enxerga o mundo como um adolescente ferido. Quanto mais duradouros e marcantes foram os acontecimentos negativos, mais intenso será o impacto na nossa vida atual.

Para o adulto, a verdadeira realização é bloqueada quando a criança que ficou presa durante a puberdade ainda está procurando sua forma particular de realização. Ela pede pais carinhosos, não uma relação poderosa, livre e madura com outra pessoa. Ela procura proximidade e fusão imediatas com alguém, mas sente falta de uma personalidade livre que possa ter um encontro único com o outro.

Como adultos, queremos agir conscientemente e tomar nossas próprias decisões, mas a criança dentro de nós tende a reagir como uma espécie de piloto automático. Vendo o mundo pela situação anterior, ela transfere todos os antigos sentimentos e bloqueios para a nova situação e para a pessoa com quem se relaciona. Isso significa que a criança interior repete os padrões infantis todas as vezes sem se questionar, sem se conscientizar, sem realizar um distanciamento crítico. Essa, por exemplo, é a razão pela qual as pessoas que apanharam quando crianças procuram por parceiros que vão bater nelas — sem ter consciência disso. Da mesma forma, filhos de alcoólatras muitas vezes se casam com alcoólatras.

O *iceberg* das velhas histórias não funciona apenas quando essas dificuldades aparecem no casamento. Nossa criança interior surge inesperadamente em todo tipo de situação. Às vezes nosso parceiro a percebe de modo mais claro que a gente. Tenho notado que, quando algumas mulheres se aproximam dos homens, elas não conseguem mais levar a sério a autoridade masculina. O homem pode ter uma posição importante, ter muito conhecimento ou ser um especialista em algum assunto, mas, por exemplo, como disse uma mulher: "Ele pode ser o 'bam-bam-bam', mas quando está perto de mim parece um garotinho." As mulheres intuem que, por trás da máscara oficial, partes da personalidade de um homem podem ser bem infantis. Elas talvez não sejam percebidas à primeira vista porque estão escondidas atrás de gestos poderosos e discursos impressionantes, mas, com a proximidade, tornam-se cada vez mais visíveis.

Até mesmo quando nos apaixonamos, as partes infantis da nossa personalidade mostram a cara. E seu mecanismo funciona com a mesma precisão. Não importa quão intenso seja o nosso desejo por um parceiro ideal, sempre trazemos conosco nossa bagagem emocional e, sem ter consciência, realmente encontramos parceiros ideais: pessoas cujas dores combinam com as nossas. Pessoas com a base do *iceberg* como as nossas. Pessoas cujas carências ocultas colidem tão precisa e dolorosamente com as nossas que, na ponta do *iceberg*, somos logo privados dos nossos sonhos românticos. Então reagimos com medo, dúvidas, insegurança e distância.

A mulher quer paixão, a criança quer proteção

Quando Catarina me procurou, sentia-se completamente sem feminilidade, desejo e sensualidade e não suportava mais a proximidade do marido. Dizia que não suportava mais que ele a tocasse, não conseguia mais ir para cama com ele e o considerava um fracasso total. Catarina também ficava angustiada quando seu marido chegava tarde em casa. Tinha medo de viajar sozinha num feriado ou fim de semana. Pedia o tempo todo para seu marido ficar com ela — mas quando ele *estava* próximo, ela mal conseguia suportá-lo. Ele a irritava, então ela começava a brigar e a implicar sem dó nem piedade.

Quando Catarina me contou tudo isso, estava confusa e assustada com o próprio comportamento. Afinal, ela me procurou porque queria salvar seu casamento. Dizia amar seu marido, mas também o achava insuportável. Estava com vergonha de sua raiva e sua atitude vingativa em relação a ele. Esse turbilhão interno fazia com que se sentisse fraca. Ela se perguntava se estava ficando maluca.

A história de Catarina é apenas uma de muitas na minha vida profissional que mostram uma profunda rachadura interior. Seu relacionamento adulto com o marido é tumultuado porque inúmeros desejos e reações infantis estão em jogo.

No consciente, Catarina quer um relacionamento sexual, enquanto ao mesmo tempo a criança ansiosa quer o colo do papai. Ela se lembra de sua infância profundamente dividida. Houve um “antes” e um “depois”. Com “antes” ela se refere a seu tempo de criança pequena. Naquela época, seu pai brincava com ela e eles se divertiam. Quando Catarina falava sobre essa brincadeira física com o pai, seu sorriso se abria. Então, quando tinha dez ou onze anos, esse contato próximo parou de repente. Seu pai se afastou sem uma palavra. “Não tenho sequer lembrança de sentar no colo dele ou receber um carinho depois dessa época”, disse ela.

Catarina não é a única que passou por isso. Muitos pais da geração dos nossos começaram a se sentir inseguros na sua expressão física em relação às suas filhas quando elas começaram a crescer. De repente eles se sentiram inibidos e envergonhados.

"O quanto eu posso chegar perto dela? E se eu sentir alguma coisa?" Sem que eles percebessem, isso os atingiu duramente. Como resultado, muitos pais e filhas enfrentaram uma separação prematura e dolorosa. Para muitas meninas, o desenvolvimento até tornar-se mulher foi interrompido de modo cruel neste ponto. Suas cabeças foram programadas com mensagens como: "Não sou atraente." "Os homens não me querem." "Tenho que ter vergonha do desejo físico." "Causo problemas para os homens com meu corpo bonito." Enquanto por fora as meninas continuaram a amadurecer, uma parte importante de suas personalidades ficou estagnada.

Para entender corretamente essa dinâmica, podemos dizer que, no caso de Catarina, um homem não conhece apenas uma mulher, mas muitas personalidades distintas. Imagine Catarina e seu marido na ponta do triângulo e debaixo da superfície várias pequenas Catarinas sussurrando, duvidando e perturbando. Na ponta do *iceberg* a esposa diz: "Eu amo meu marido." Lá embaixo, ao mesmo tempo, o caos explode. Uma mocinha cheia de vida quer paixão, mas causa nojo a seu pai/marido. Uma adolescente quer atenção, mas não pode mais ser tocada por seu pai/marido. Uma criança quer carinho, mas sente que atração física ou sexual vão contra uma regra implícita imposta por seu pai/marido. Também existe a criancinha que, cheia de necessidade de proteção, tem medo de que seu pai/marido não venha para casa de noite e a deixe sozinha no fim de semana ou no feriado. E tem a boa filha que sente vergonha porque não é tão amável com seu marido quanto as mulheres devem ser. E a mãe que acha que o homem é um fracasso porque não pode suprir todas essas necessidades infantis. E a Catarina adulta acha que deve estar louca.

Se ler sobre tudo isso já é confuso, imagine como é conviver com isso numa relação diária! Cada vez que duas pessoas se aproximam, colocam em marcha exércitos inteiros de pessoas dentro de si mesmas sem ter a menor ideia do que está acontecendo. Sendo assim, é bastante compreensível quando as pessoas começam a se afastar depois de algumas batalhas. Se não nos separamos logo depois, nos comunicamos superficialmente, continuamos esquivos e nos recusamos a nos envolver. Isso evita que um monte de veteranos de guerra seja mobilizado e lute em uma batalha já perdida.

Nosso parceiro escuta o que não dizemos

Porém, mesmo quando tentamos ignorar algumas de nossas partes — nosso coração ou nosso corpo, por exemplo — e limitamos nossa comunicação a variações vazias, ocorre um processo parecido. Quando duas pessoas querem se envolver, elas apenas respondem às palavras uma da outra em um nível superficial. Na verdade, respondem a uma corrente invisível entre elas.

Essas dinâmicas também se devem à nossa criação. Cada família tem uma atmosfera emocional específica. Esse clima — todas as correntes emocionais entre pai e mãe e em toda a família — nos condiciona muito mais intensamente que as regras que nossos pais impuseram. As virtudes podem ser valorizadas, os objetivos de vida definidos, assim como o que se deve aprender, mas a realidade cotidiana pode ser totalmente diferente, ambígua, cheia de incertezas e até de hipocrisia, desconfiança e brigas. Quando crianças, percebemos todas essas perturbações e muitas vezes nos sentimos confusos pelo abismo entre o que está acontecendo e o que nossos pais dizem.

Mais tarde se torna natural para a maioria não dizer aos outros como se sente e muitas vezes a comunicação se reduz a um mínimo inofensivo, uma troca de banalidades. Em geral, isso não funciona. Relacionamentos são, em primeiro lugar, um processo dinâmico. Ouvimos mensagens, mas respondemos principalmente ao que está por trás delas e a *como* elas são expressas. Por exemplo, quando alguém diz ao parceiro "Fiz isso ou aquilo hoje", a mensagem por trás é: "Por favor, tenha orgulho de mim... me reconheça... você não consegue mesmo fazer isso... na verdade era isso o que você devia fazer..." Muitas vezes há uma dúzia de mensagens escondidas na principal e que são ativadas por instinto. Às vezes temos consciência de algumas dessas mensagens, mas não percebemos a maioria delas.

O trágico da comunicação nos relacionamentos é que são as próprias mensagens que não percebemos as que causam uma reação na outra pessoa. Seu parceiro ouve que você fez isso ou aquilo hoje, mas de repente fica irritado e distante. Na maioria das vezes, ele não sabe por quê, já que você só disse trivialidades. A maioria das pessoas nem percebe que ficou distante. Tudo o que seu parceiro sabe é que realmente queria ver e ouvir você, mas de alguma forma não funcionou.

Durante anos essa situação foi rotina entre mim e meu marido, e uma espécie de símbolo do nosso relacionamento naquela época. Ele sempre me abraçava quando chegava em casa, e antes de ele chegar eu queria muito esse abraço. Entretanto, quando ele o fazia, ficava desconfortável. No começo, tudo o que sentia era um nojinho depois do abraço. Mais tarde, porém, comecei a ficar tensa e, no final, com bastante raiva. Um dia simplesmente o empurrei e gritei: "Você não consegue me abraçar de verdade?" Meu marido ficou muito confuso. "Mas eu *estou* abraçando de verdade!" Sim, ele estava. Mas ao mesmo tempo havia algo mais acontecendo entre a gente.

Depois disso, tivemos uma briga muito séria e acusamos um ao outro de todo tipo de coisas. Descarregamos tanta emoção que mais tarde, com mais distanciamento e calma, pudemos adquirir novas percepções e maior intimidade. Percebemos que eu queria poder e proteção, ser abraçada por um homem forte, mas a cada abraço meu marido murchava como um balão furado. Ele é muito mais alto que eu e, quando me abraçava, automaticamente baixava a cabeça e se fazia parecer menor, tão pequeno que no final era ele quem estava nos meus braços. Nesse abraço, nenhum dos dois tinha o que dar, mas ambos esperávamos receber carinho. Então, cada tentativa aumentava a frustração e o vazio interior. A conexão entre nós havia diminuído, mas nossas necessidades, aumentado. A essa altura do nosso casamento, a ternura não era um dom, só uma necessidade.

Hoje brincamos com o fato de meu marido baixar a cabeça entre os ombros enquanto me abraça. Depois de muitos encontros dolorosos, conseguimos rir do fato de que ele sempre quis ser pequeno e se aninhar em mim como se estivesse no colo da mãe, enquanto o que eu realmente queria era cair em seus braços como se estivesse descansando no peito largo do meu pai. Não entenda errado — não tenho nada contra esse tipo de carinho. Ternura é o alimento de toda relação — mas deve ser fruto de uma verdadeira proximidade e satisfação emocional entre dois adultos.

As mulheres sempre me dizem que depois de alguns anos seus casamentos parecem desertos físicos e emocionais. Também conheço essa sensação. Depois da tempestade de beijos apaixonados dos primeiros encontros, os abraços ocos que vêm mais tarde parecem uma embalagem vazia. O mesmo vale para aquele "eu amo você" rotineiro e nada apaixonado que aparece depois de um tempo. Quando reparei quanto parecia vazio, voltei a me lembrar dos velhos tempos. Pensei com saudade em uma cena rara dos primeiros meses de relacionamento: sentávamos no carro, confessávamos nosso amor um pelo outro e chorávamos porque teríamos que nos separar por uma semana.

Durante nosso casamento, não foi fácil reconhecer e aceitar que em cada "eu amo você" carinhoso havia um pedido de atenção e cuidado. Que em cada "eu amo você" havia uma forte esperança de amor dentro de nós mesmos. Que cada "eu amo você" nos desafiava a ultrapassar nossos limites emocionais e a nos tornarmos mais amorosos.

Quando casamos queremos curar nossos males

Talvez você goste de assistir a novelas açucaradas com finais felizes. Talvez, quando abriu este livro, estivesse esperando dicas de como achar o amor da sua vida. Talvez você ache muito sério e pouco romântico que eu às vezes examine cada "eu amo você" como um médico examina um paciente. Talvez você se sinta esvaziado pelo pensamento de que, sob seu pequeno *iceberg*, existe todo esse conflito e medo. Talvez você ache que sou uma estraga-prazeres, falando sobre dores e velhas feridas não cicatrizadas. Talvez se pergunte se terá que passar o resto da vida processando suas experiências infantis, ou se os responsáveis por tudo são seus pais malvados. Talvez queira saber se vale a pena se envolver com alguém se, no final, tudo parece ser determinado por suas necessidades, desejos e medos reprimidos.

Este livro não é uma tentativa de reduzir você a uma grande ferida ambulante, sem nenhuma esperança. Não quero fazê-lo analisar e processar cada minuto da sua infância. É bem o contrário. Vou provar mais tarde que aqui e agora, bem debaixo do seu nariz, você tem tudo de que precisa para curar a sua relação e a si mesmo.

Todo mundo tem velhas histórias não digeridas que se impõem ainda hoje e cobrem nosso ser interior vivo e fluido como uma armadura invisível. É essa armadura, e não nosso parceiro, que impede que sejamos felizes. Repito — porque é necessário, já que é uma mudança tão completa e revolucionária em nossa consciência — que as pessoas à nossa volta são só os detonadores, e quanto mais próximas, mais precisos são os detonadores. Mas elas também são nossos servos mais dedicados no caminho para a cura. Estão sob nossas ordens, então sempre podemos transferir nossos velhos padrões para elas, repeti-los e assim realizar nosso desejo mais profundo: curar nossa dor.

3
Seu parceiro é só uma parte da sua história

O ponto crucial de um relacionamento é sempre o equilíbrio entre os conflitos interiores dos dois parceiros. Por essa razão, estar em uma relação é a melhor coisa que os dois podem fazer — não importa como ela esteja no momento. Você deve estar feliz por saber que o seu amor o conhece tão bem que às vezes dói. Você também deve estar agradecido por isso, pois, se quer uma relação realizadora, é essencial prestar atenção nos aspectos da sua personalidade que incomodam, que são destrutivos ou restringem a sua liberdade. Você pode não gostar dessa ideia, mas, se deseja encontrar uma verdadeira força no seu relacionamento, não tem outra opção no momento além de lidar com a base do *iceberg*.

Pode parecer que isso é gostar de sofrer, mas quando você se familiarizar com isso vai ficar fascinado ao perceber que em cada parte negativa, dolorosa e destrutiva sua há um poder fundamental que pode ajudar você e seu relacionamento. Ele só está esperando para ser redescoberto e utilizado.

Para isso acontecer, primeiro é preciso ter vontade de se responsabilizar pelos seus medos, sua negatividade e suas dores. Isso não significa que você tenha que se jogar num abismo de infelicidade e depressão, apenas que deve redirecionar sua atenção. No dia a dia com o seu parceiro, pare de se focar no que *ele* está fazendo e concentre-se nas suas reações a isso. Uma vez que você tenha aprendido a se monitorar dessa forma, vai precisar de coragem para ser realmente sincero consigo mesmo. Até agora, todos que seguiram esse caminho se surpreenderam e até se assustaram com as coisas que se passavam dentro de si mesmos — todo o preconceito, vergonha e ressentimento que impediam que encontrassem amor e felicidade. Logo que você quiser se render às suas próprias investigações, algo vai começar a mudar em seu interior — sutilmente você vai se tornar mais gentil e simpático.

Se você está preparado para mudar dessa forma e continuar assim no seu dia a dia, vai perceber que aquilo que no começo parecia um assassino da paixão abrirá o caminho para o amor verdadeiro. É muito bom ter nosso *iceberg* — não é um monstro escondido nos manipulando das profundezas. É um baú de tesouros. Toda a nossa vida está guardada nele — cada respiração, cada emoção, cada pensamento —, como num computador com memória infinita. É todo o nosso ser. Devemos dar a ele toda a nossa atenção e amor. Devemos ter com ele o caso mais apaixonado que podemos imaginar. É ele que, por assim dizer, deve ser o amor da nossa vida.

A gente se apaixona para não ter que amar

O *iceberg* está sempre funcionando em nosso favor, mesmo quando nossa consciência não vê as coisas desse modo. É um instrumento muito mais divino, preciso e engenhoso e abrange muito além do que qualquer coisa que podemos compreender com a nossa consciência. Achamos que a pequena porção consciente que podemos ver acima da água é a parte do nosso ser que ama. Aqui tomamos decisões, agimos, nos apaixonamos e aparentemente desejamos ficar com alguém até que a morte nos separe. Na verdade, o que estamos fazendo é muito diferente. Aqui no topo planejamos como nossa vida *deve* ser. Criamos estratégias para evitar nossas dores e fraquezas, mas o certo é que elas excluem infinitas possibilidades, bem como o amor verdadeiro.

Quando algo se torna desconfortável, queremos mudá-lo. Quando algo dói, procuramos formas de aliviar a dor. Sempre fugimos, na maior parte das vezes, de nós mesmos. Se não nos sentimos do jeito que achamos que devemos nos sentir, usamos todo tipo de vícios como fuga, ou procuramos uma pessoa que talvez possa mudar as coisas. Quando a vida não corre como achamos que deve correr, imediatamente traçamos estratégias para mudá-la. Queremos ser mais ricos, mais bem-sucedidos, mais aceitos, mais bonitos — mas nunca admitimos que nos sentimos fracos, incompetentes, feios e equivocados.

Os casais têm suas estratégias de distração. Além do medo de um encontro de verdade, de talvez ter que tolerar uma certa distância e silêncio no caminho para a verdadeira proximidade, eles enchem suas agendas com uma infinidade de eventos, e sua vida familiar é repleta de convites, saídas com os amigos, viagens, compromissos sociais e hobbies. Muitas vezes ouvi casais dizerem que fazem muitas coisas juntos mas não se conhecem de verdade. No consultório, conheci vários casais em que um dos parceiros tinha um caso com alguém que fazia parte do círculo de amigos dos dois. Quando se encontram com esses parceiros acima de qualquer suspeita, é como se houvesse apenas um segredinho sujo debaixo do tapete.

Alguns compromissos externos podem ser resultado de um relacionamento profundo. Quando duas pessoas extraem muita força uma da outra, podem passar um pouco dela para os outros. No entanto, para a maioria dos casais cujas agendas estão fervilhando de compromissos, é tudo uma questão de distração. Eles cantam e voam como um pássaro tentando afastar os inimigos do ninho. Uma vida muito ocupada não apenas mantém os outros a distância, mas também nos distrai do que precisa de toda a nossa atenção — nossos medos e nossas dores. É disso que precisamos para entender, nutrir e aprender a amar. É isso que precisamos enfrentar com coragem.

Projeção — seu parceiro é o que você não quer ser

Em nossa história, o passado tem uma forte influência sobre nossas relações atuais. Acima de tudo, sempre descobrimos nas pessoas carências que precisavam urgentemente de nossa ajuda — carências como as que nós mesmos temos, embora nunca nos permitamos supri-las.

Os psicólogos chamam essa dinâmica de "projeção". No nosso caminho rumo à verdade, é importante compreender totalmente o que são projeções. A palavra vem do latim *proicere*, que significa "jogar fora". Quando projetamos, jogamos algo para fora de nós mesmos e sobre outra pessoa.

Ao fazermos isso, analisamos o outro em vez de nós mesmos. Dizemos coisas como "Eles precisam de ajuda e cuidado" ou "Eles são fracos", e assim projetamos nossa necessidade de ajuda e atenção ou nossa própria fraqueza na outra pessoa. Podemos dizer: "Eles não se importam", "Eles não têm consideração" ou "Eles nunca estão disponíveis quando precisamos", e assim projetamos nossa própria falta de cuidado com nós mesmos e nossa própria incapacidade de cuidar, nosso próprio afastamento impotente e nossa própria separação em relação à outra pessoa.

Por que fazemos isso? Como conseguimos fazê-lo tão bem e sem perceber? A resposta é sempre a mesma — é a forma que a esperta base do *iceberg* encontrou para contribuir para a cura das nossas feridas. Quando crianças, não éramos capazes de suprir a nós mesmos com justiça, aceitação, atenção e cura. Como éramos receptivos, apenas pegávamos tudo o que estava ao redor e adaptávamos perfeitamente ao sistema familiar. Isso podia ser tão doloroso que até mesmo banimos essa experiência da nossa memória.

O *iceberg* tão confiável, todavia, armazenou toda a nossa dor e vez por outra a traz à tona de uma forma que conseguimos suportar, e assim podemos utilizá-la em nosso favor. No entanto, às vezes não conseguimos tolerar a verdade; não podemos lidar com ela ou aceitá-la e então a projetamos nos outros. Logo, os culpamos por coisas que estão enraizadas nas nossas próprias dores.

Quando entendemos que "jogamos fora" nossas feridas dessa forma, podemos encarar com curiosidade aqueles que foram o alvo de nossa projeção, com espírito investigativo e com compaixão em vez de rejeitá-los, culpá-los, temê-los e julgá-los. Quando começamos a enxergar em nós mesmos aquilo que rejeitamos em nossos parceiros, encontramos nosso poder de cura interior — e só então ela será possível.

Espelhos — seu parceiro é o que você não pode ver

Quando você se compromete com essa ideia, toda a dinâmica do relacionamento se inverte. Os velhos filmes da base do *iceberg* não têm mais que ser projetados no topo. Sua relação com seu parceiro se torna uma espécie de câmera embaixo da água. O que quer que você deseje ou tenha que encarar na superfície com seu parceiro mostra as histórias escondidas lá na parte de baixo do *iceberg*. Com o tempo — mesmo que talvez ainda não consiga imaginar —, vai adorar tudo o que surgir entre você e seu parceiro e ficará aliviado de finalmente poder examinar essas coisas.

Um relacionamento é como um espelho bem diante do seu nariz. Quando você se mexe, sua imagem também se mexe. Seu relacionamento sempre reflete a parte que você não quer ver e os lugares que você não pode descobrir sozinho. O que quer que esteja acontecendo no seu relacionamento é uma expressão da sua relação consigo mesmo. Tudo é um reflexo da sua paisagem interna. As pessoas ao seu redor agem de acordo com as mesmas características que você carrega escondidas dentro de si. Seus parceiros mais próximos, assim como seus inimigos mais íntimos, refletem o núcleo do seu ser. Ninguém pode amá-lo se você não amar a si mesmo. E ninguém pode machucá-lo de uma forma que você mesmo não possa.

Só conseguimos dissolver essa miragem quando identificamos as partes do *iceberg* que estão agindo por nós. Quando conseguimos arrastá-las para nossa consciência, podemos entendê-las e finalmente integrá-las — o que é sempre o último passo. É uma questão de percebermos que tudo que acreditamos ser externo está dentro de nós e, a partir dessa tomada de consciência, podemos conquistar nossos desejos. Só então sentimos que temos tudo de que precisamos para viver e que somos tão completos quanto qualquer outra pessoa.

A pergunta "O que isso tem a ver comigo?" deve ser sua fiel companheira nesse processo. Ela imediatamente gera compreensão e proximidade. E mantendo o foco em integrar todas as partes da nossa personalidade a cada encontro humano, também nos tornamos mais compassivos, flexíveis e positivos. Aumentamos nossa compreensão e nosso carisma natural e expandimos o controle sobre nossas vidas.

Sombras — seu parceiro é aquilo de que você não gosta

Vilões podem não ser muito populares, mas em todo bom filme de suspense eles têm um papel central. Você consegue pensar em alguém na sua vida de quem realmente não goste, alguém que você condene ou até mesmo odeie? Alguém que certa vez foi muito próximo de você mas que o traiu, humilhou ou abusou? Essa pessoa é a sua sombra. Ela representa uma parte completamente isolada da base do seu *iceberg* — um traço da sua autorrejeição e do seu ódio por si mesmo. Ela mostra algo pelo qual você se condena.

Como somos afetados quando outra pessoa faz algo que nos machuca? Quando nosso parceiro nunca está em casa, nos trai, maltrata os filhos ou está sempre sabotando nossos sentimentos? Quando nosso chefe nos humilha na frente de todo mundo, explora nossa boa vontade, tira nosso poder e nos substitui por outra pessoa? Ou quando temos que levar à Justiça um adversário que é muito teimoso e sem consideração? Tudo isso imediatamente desperta raiva, dor, fraqueza, culpa e medo na gente. Mas muitas vezes nos escondemos desse ódio destrutivo que sentimos por nós mesmos e que se reflete nesses conflitos.

Lidar com a sombra requer muita coragem e sinceridade. Uma vez que você tenha vontade de olhar para ela mais de perto, sempre conseguirá identificá-la. É exatamente o oposto do que gostaríamos ou acreditamos ser ou de qual é nosso papel na família e na sociedade. Em momentos bastante claros, ao lidar com a sombra reconhecemos que somos invejosos ou ciumentos, ou que nos falta tudo aquilo que ela possui. Mas raramente temos essa percepção. Na maioria das vezes rejeitamos categoricamente a sombra e acabamos definindo dois polos: ou nossa sombra tem poder, sucesso, liberdade e influência, ou tem compaixão, cuidado, justiça e boas intenções. E se nossa sombra corresponde a um polo, nos sentimos ligados ao outro.

Todo mundo tem uma sombra. E as sombras sempre aparecem quando as coisas estão se encaminhando para uma direção extrema. Quanto mais tranquilos nos sentimos, mais antagonistas vão aparecer nas nossas vidas e com mais frequência e intensidade teremos que lidar com aqueles que tanto detestamos — pais muito disciplinadores *versus* filhos rebeldes, pessoas divorciadas *versus* seus ex-parceiros. Quando a vontade de se comunicar cresce, todavia, os limites entre os dois lados do conflito se tornam mais flexíveis e menos perceptíveis. Por outro lado, se o conflito tem raízes mais profundas, a luta pelo poder se torna mais intensa.

Muitas vezes vemos essa dinâmica em ação durante a separação. Duas pessoas que se juntaram e se casaram acreditando no amor verdadeiro no fim das contas se divorciam e embarcam numa amarga guerra.

O anjo caído

O que é aquilo na base do *iceberg* que detestamos tanto que escondemos e nunca conectamos a nós mesmos? Ainda muito cedo é provável que tenhamos feito algo que causou dor a nós mesmos ou aos outros. É provável que estivéssemos em alguma atividade quando algo ruim aconteceu e então ligamos as duas coisas inconscientemente. Como eu disse antes, as crianças não têm uma visão clara da separação entre elas mesmas e o que acontece ao seu redor. Suponha que estivéssemos envolvidos em uma brincadeira divertidíssima quando um dos nossos irmãos sofreu um acidente. Então nosso pai ou mãe teria dito algo como: "Você devia ter cuidado dele." Assim, uma ligação foi estabelecida dentro de nós que diz: "Quando eu estou brincando feliz e sem preocupações, algo terrível acontece." Depois disso, chegamos à conclusão de que a parte despreocupada em nós é má e a banimos da nossa consciência. E, mais tarde, nos pegamos reagindo de forma cautelosa e responsável demais e taxando de irresponsáveis as pessoas despreocupadas e alegres.

Muitas vezes, uma atmosfera pesada na família e na sociedade tem um forte impacto no desenvolvimento de uma criança. Pode ser uma doença grave na família, brigas frequentes que acabam levando ao divórcio, um desequilíbrio de poder entre os pais, regras rígidas, perseguições raciais ou limites religiosos e morais muito estreitos. Num ambiente como esse, coisas que são completamente normais para uma criança podem ser condenadas e consideradas "más" ou "ruins".

Ter que escolher entre mamãe e papai, entre o mais forte e o mais fraco, é também algo repressor para uma criança. Crianças querem amar todos da mesma forma, a todo custo. Se são forçadas a tomar uma decisão, seja por causa das brigas, da separação ou da debilidade de um dos pais, elas têm que se desfazer de uma parte delas mesmas.

A criança tenta agir dentro dos limites e se comportar, mas, apesar de todo o seu esforço, seus instintos e desejos naturais vêm à tona e têm que ser levados de volta ao reino "mau" e proibido da sombra. Mais tarde, quando todos esses desejos naturais atingirem a superfície de novo, eles virão na forma corrompida e deturpada da ganância, do ódio, da vingança, da gula ou da promiscuidade. Às vezes eles nos levam a viver uma vida dupla.

"Integridade" é uma palavra geralmente usada em contextos políticos e econômicos. Se quiser ter uma vida íntegra, com realização pessoal e expressão sincera do que sente, se quiser tocar as pessoas com seu coração e sua alma, você não pode escapar da tarefa de integrar suas partes inconscientes aos poucos.

"Eu me tornei tão vazia quanto meu marido!"

Em um relacionamento, muitas vezes temos como objetivo mudar nosso parceiro. Suas particularidades inconscientemente nos lembram nossa velha dor e culpa. Como consequência, tentamos fazê-los enxergar, agir ou sentir as coisas da mesma forma que nós. Eu poderia listar uma dúzia de características do meu marido que já considerei boas razões para o divórcio. Contudo, hoje as vejo como estímulos importantes para o meu desenvolvimento e crescimento pessoal.

Uma das maneiras mais bonitas de encher seu casamento de força e vitalidade é reconhecer as particularidades do seu parceiro como características que você mesmo gostaria de ter. Só pude escrever este livro porque hoje me permito ter características que já rejeitei fortemente no meu marido. Só pude escrever este livro porque fui *irresponsável* e *descuidada*, não liguei para *segurança*, *não estava muito interessada no bem-estar da minha família* e no que eles pensavam de mim, me afastei de forma *egoísta* de tudo e transferi de modo *imprudente* toda a responsabilidade sobre minha família para o meu marido.

É claro que não estou pregando irresponsabilidade, falta de consideração e de cuidado. Não é uma questão de ficar do jeito que achamos que a sombra era (e talvez realmente fosse), mas de adicionar algo a nós mesmos.

Nos momentos mais sombrios do nosso casamento, meu marido se comportava como um raro hóspede em nosso hotel familiar e nunca me perguntou o que eu achava de seu distanciamento e da vida que ele levava fora de casa. Eu era a mãezona e uma espécie de general da casa. Só metade dele estava lá — mas o mesmo acontecia comigo. Ele tinha o que faltava em mim e, por sua vez, o que fazia minha vida valer a pena faltava na vida dele. Hoje posso usar essas fronteiras claras para coisas que são benéficas para nós dois. Agora ele está presente em casa com seu jeito leve e despreocupado, e nossa vida se tornou muito mais relaxada e divertida.

Uma sogra malvada pode ser sua maior aliada

Os membros da nossa família muitas vezes representam as partes mais importantes que desconectamos de nós mesmos, e assim podemos reintegrá-las e atingir a cura. Nossos pais, irmãos e, mais tarde, parceiros e filhos representam partes nossas que simplesmente temos que reconquistar. Porém, posso ouvir você dizendo: "Certas coisas são imperdoáveis. A história do seu marido e a falta de preocupação que ele demonstrava são só um exemplo inofensivo. Afinal, existem mulheres que traem os maridos com os melhores amigos deles. Existem homens que largam a esposa e os filhos. Existem sogras malvadas, mães negligentes e pais que batem nos filhos. E devemos experimentar um pouco *disso*?"

Eu poderia citar dezenas de exemplos parecidos, mas prefiro sugerir que é melhor não falar sobre comportamentos desprezíveis. Isso só vai distraí-lo do que realmente importa — sua família e sua vida.

Estou pedindo para você reparar na pessoa que agora mais desperta sua raiva, alguém que você deteste muito e realmente queira que saia da sua vida. Agora, tenha a coragem para se perguntar com sinceridade: "O que ela tem que eu gostaria de ter? O que ela se permite fazer que eu não me permito? Ela está livre daquilo que me prende?" Se você for mesmo sincero, vai encontrar na resposta um dos seus maiores desejos e um dos seus maiores talentos, algo que um dia você teve mas considerou ruim ou doloroso, algo que nunca foi permitido desenvolver na sua família.

Quando analisamos sinceramente nossa sombra, não apenas descobrimos uma grande perda, mas também algo que faltava em toda a nossa família de origem. Seja leveza, coragem, espírito de luta ou capacidade de enriquecer, seja diversão, busca por prazer físico, materialismo ou liberdade insaciável de espírito; não importa que característica nossa sombra represente na realidade, devemos finalmente pegá-la de volta. Devemos dar a ela espaço nas nossas vidas e então ganharemos uma força que vai não apenas beneficiar a nós mesmos, como a toda nossa família.

Quando o *iceberg* derrete...

Quando cuidamos da profunda base do nosso *iceberg* e reconhecemos sua diversidade e potencial infinitos, de repente, toda relação com outra pessoa passa a oferecer um caminho para a descoberta e desenvolvimento pessoais. Eu apenas delineei aqui algumas possibilidades com a criança interior, a projeção, o espelho, a sombra e os velhos padrões familiares. Existem várias outras estratégias e processos dentro do nosso *iceberg* que não foram mencionados. Não é tão importante assim conhecer cada um deles.

Se tudo isso lhe deu a impressão de que você vai passar o resto da vida fazendo autoanálise, ou que agora vai ter que ver toda a sua infância como uma tragédia e seus pais como vilões, não se desespere. Se as minhas histórias e seus desdobramentos por vezes complexos o confundiram ou você não conseguiu acompanhá-los, não importa! Eu não disse tudo isso para fazê-lo analisar cada aspecto da sua infância. Só queria motivá-lo a se tornar presente em sua vida outra vez. Não há necessidade de passar por uma angustiante análise do passado — cada momento do presente vai lhe mostrar o que fazer, desde que você realmente queira ser você mesmo de novo.

Neste capítulo, o que eu mais queria era induzir algo na sua consciência a mudar. É por isso que expliquei tudo para o seu consciente. Você não precisa dos detalhes, mas a sua consciência precisa de uma compreensão fundamental dos processos que ocorrem dentro do *iceberg*. Senão, ela vai sempre bloquear, com dúvidas e argumentos racionais, seu caminho rumo à compaixão, proximidade e amor num relacionamento.

Já será o suficiente se eu conseguir passar uma única mensagem neste capítulo: a de que o seu parceiro pode não ser o responsável pela sua tristeza, solidão, perseguição, fraqueza e até mesmo ódio. Só essa percepção, mesmo sem a compreensão dos detalhes psicológicos envolvidos, já é o bastante para ressuscitar sua relação. Mesmo se você só conseguir entender parte disso, seu relacionamento pode se beneficiar com novas esperanças e forças, e você pode se tornar mais leve e aberto.

Não vi essas dinâmicas emocionais só nas pessoas que me procuraram como pacientes. Também vivi essas dificuldades com meu marido, e serei sempre grata por isso. Pude me abrir para a real intenção do meu inconsciente e aprendi que todas as estratégias do meu marido, toda a sua teimosia tinham só um objetivo — curar as nossas velhas feridas e nos ligar tão profundamente que nossos *iceberg*s pudessem derreter. Nos momentos de nossas vidas e de nosso casamento em que abraçamos e aquecemos nossos *iceberg*s com nossa consciência e amor, partes deles se dissolvem e se tornam parte do oceano. E esse é seu verdadeiro objetivo.

4
Quanto maior o amor, maior a queda

Se nosso relacionamento é o melhor lugar para o crescimento e cura pessoal, se o vemos como uma escola onde podemos aprender a ser maduros, faz sentido que o curso siga certos passos, cada um com uma tarefa específica. Mas se não reconhecemos e entendemos esses passos, esses novos desafios cada vez mais difíceis, em pouquíssimo tempo eles vão parecer enormes obstáculos.

Assim que a primeira fase de empolgação amorosa passa, ou quando nosso relacionamento parece não soltar mais fagulhas, nos sentimos um fracasso. Sentimos muita falta das boas sensações. Em vez disso, somos confrontados pelo vazio ou nos debatemos confusos.

No exato momento em que, na minha opinião, a verdadeira aventura de uma relação começa — quando todas as velhas feridas e cicatrizes começam a aparecer, quando as máscaras caem, quando duas pessoas se encontram na verdade e na aceitação incondicionais, quando é possível relaxar e alcançar a cura —, muitas vezes é só o comecinho do fim. Nasce a ideia de que não vamos conseguir o que queremos e nos distanciamos do outro em um desapontamento mudo. Desejamos paixão, mas maus hábitos teimam em aparecer. Comparamos nossa relação às de outros casais e notamos que ela é totalmente diferente. Nos lembramos saudosos do antigo romance e temos que entender que ele se evaporou.

Relacionamentos sempre estão em um fluxo. Eles nos levam para cima e para baixo como ondas no mar. Às vezes somos arrastados para o fundo e parece que estamos sendo puxados bem devagar para longe do nosso parceiro. Às vezes parece que nossa relação está se encaminhando inevitavelmente para um beco sem saída do qual só podemos nos salvar com a separação.

Se, no entanto, entendemos as etapas de desenvolvimento inerentes a toda relação e sabemos em que ponto da jornada estamos, podemos desenvolver uma perspectiva nova e reconfortante. Se há turbilhões no fluxo natural do nosso relacionamento, não significa que há algo de errado com ele, com nosso parceiro ou com nós mesmos. Na verdade, as necessidades de cura, de integrar aspectos inconscientes de nossa personalidade e de aceitar as particularidades do parceiro *aumentam* a cada fase. Cada fase oferece suas novas possibilidades e tem seus próprios desafios. Se realmente entendemos isso, do fundo do coração, então não há problema em apenas trocar fraldas ou se focar na carreira por um tempo. Pode até fazer sentido não sentir vontade de fazer sexo em certas épocas. Ser briguento e ficar com raiva de vez em quando pode ser uma válvula de escape, e é até compreensível se distanciar de seu parceiro algumas vezes.

Se aceitamos que as coisas mudam, podemos seguir em frente como um casal e nosso amor pode se tornar mais profundo. Isso pode acontecer até mesmo se só um de nós quiser considerar as tarefas que surgem como oportunidades para aprender.

As fases de uma relação se constroem umas sobre as outras. Só quando cada uma foi administrada e compreendida, o relacionamento pode avançar para a próxima. Aprendi esse modelo com o dr. Spezzano. De início, isso tornou meu casamento bem mais fácil. Depois, ensinei a lição para inúmeros pacientes. Desse ponto de vista, os processos de um relacionamento repentinamente passam a fazer sentido. Situações que parecem becos sem saída tornam-se compreensíveis. Fases dolorosas parecem ser não o caminho para o divórcio, mas oportunidades para o crescimento e a evolução do relacionamento.

A agitação romântica

Muitas relações começam com romance. Nos sentimos eufóricos e leves, sempre desejando nosso parceiro e querendo estar perto dele. Nos entregamos um ao outro, surpreendemos com pequenos e grandes gestos, escrevemos cartas de amor e poemas, damos flores e escondemos bilhetinhos debaixo do travesseiro ou perto da escova de dente. Nem em nossos sonhos mais loucos pensamos em viver algo negativo com essa pessoa tão maravilhosa. Ela parece perfeita, e quando estamos junto dela nos sentimos perfeitos também.

O que nos leva a ter um relacionamento é a esperança de nos tornarmos inteiros de novo. É o sentimento de completude que invariavelmente nos faz felizes. Quando estamos apaixonados, ficamos imersos na ilusão de que esse sentimento só se deve à outra pessoa. Na verdade, esse *nunca* é o caso.

Apesar disso, essa fase apaixonada nos traz algo maravilhoso e importante — permite que entremos em uma relação com outra pessoa. É essencial exatamente por isso. Ela nos une e nos dá uma pista de que podemos viver algo melhor que a solidão e a distância às quais nos acostumamos. Ela nos dá a esperança de que nosso desejo de sermos completos pode de fato ser realizado.

Mas todo esse desejo e fantasia não dizem respeito ao nosso parceiro. Nesse ponto, na verdade não temos ideia de como ele é. Muitas vezes, enxergamos o parceiro por trás do véu de uma neblina. Muitos dos sentimentos empolgantes e das fantasias não passam de projeções do nosso interior. Mesmo assim, essa fase de paixão nos mostra quantas coisas maravilhosas podemos viver se realmente conseguirmos transformar nossa relação em algo diferente. Se estivermos prontos para dar amor. Se estivermos prontos para aceitar essa pessoa como ela é, e não como a imaginamos. Se estivermos prontos para sermos melhores junto com ela.

Por isso, devemos aproveitar ao máximo a fase da paixão. Precisamos da memória desse poder edificante para poder passar pelas fases mais difíceis que vêm depois. Quando acordamos do nosso encantamento e nos encontramos numa realidade menos agradável, quando a outra pessoa não se encaixa mais na nossa imagem ideal e se mostra apenas como ela mesma, podemos olhar para trás cheios de saudade, mas também de esperança. Essas memórias podem até mesmo ser vitais para a sobrevivência da relação, para aqueles momentos em que acabamos nos perguntando, cheios de dúvidas: “Ela é realmente a pessoa certa para mim?”

Mantendo a cabeça no lugar numa disputa pelo poder

Depois de um encantamento romântico tão intenso e de tantas esperanças felizes, manter a cabeça no lugar é inevitável. Como acontece com todas as substâncias tóxicas, quanto mais frequente e intensa é a paixão, mais rápido a onda passa, mais duro é o retorno à realidade e mais forte tem que ser a próxima dose. No caso dos relacionamentos, a volta ao estado normal leva diretamente a uma disputa de poder.

Quanto mais perto chegamos de uma pessoa, mais claramente vemos suas falhas — ou, para ser sincera, vemos como elas são na verdade. E todos os aspectos que nos atraíram como mágica acabam se tornando diferenças que nos separam. A pessoa que antes trouxe tanta alegria e leveza para a nossa vida, vista de perto, não parece confiável. Ela volta para casa tarde, nos deixa esperando, se diverte com outras pessoas. A criatura apaixonada que tornou nossa vida tão vibrante agora parece fazer cenas bastante violentas e criar muito drama. A rocha sólida se mostra dura e rígida. A aura erótica do novo amante parece bastante vulgar quando o vemos com a nossa família. A pessoa responsável e pé no chão na verdade é bastante trivial e sem criatividade no dia a dia...

Muitas coisas não correspondem às nossas expectativas. Expectativas de todo tipo não são correspondidas. E, como essa pessoa foi a escolhida, isso nos fere, a dor é profunda, e as falhas se tornam particularmente pesadas. E se a pessoa não volta para o lugar de onde veio, para nunca mais a vermos, e em vez disso divide nossa casa, nosso lar, ainda achamos que a distância entre nós é tão grande quanto se ela estivesse em outro país.

A disputa entre as expectativas de um e de outro começa em meio aos turbilhões emocionais. Temos que lutar agora por aquilo que esperamos ser uma tranquila fonte de realização. Nesse ponto, parecemos obter cada vez menos aquilo de que gostamos na outra pessoa, mas queremos cada vez mais.

Queremos mudar o que está acontecendo, reprimir ou afastar a dor e as feridas.

Cada um dos parceiros luta com diferentes recursos, mas isso lembra um pouco uma dança — com passos para a frente e para trás. Um parceiro limpa a casa mais meticulosamente, enquanto o outro faz uma bagunça e se comporta de maneira mais distraída. Um chega da rua cada vez mais tarde, enquanto o outro pede mais ajuda em casa. Um começa discussões sérias com cada vez mais frequência enquanto o outro fala cada vez menos. Um pede cada vez mais sexo, enquanto o outro tem cada vez menos tesão...

Uma disputa por poder não é apenas uma luta para satisfazer nossas próprias necessidades. Ela também pode ser o afastamento das pressões e expectativas da outra pessoa. Seja por uma necessidade compulsiva de organização e proximidade, por um afastamento devido à bagunça e à ausência, por negação física ou compulsão sexual, os dois parceiros estão tentando proteger e esconder seus velhos medos e feridas da melhor forma possível. Enquanto isso, para quem vê de fora, estão lutando para preservar seu ideal de relacionamento, de vida e de parceiro ou tentando convencer o outro a seguir seu exemplo.

Dificilmente alguém vence a disputa. Em vez disso, as posições ficam mais fortes e definidas. Enquanto um parceiro implica cada vez mais, o outro se distancia. Então, aquela cara-metade única, que já foi tão especial e perfeita, se torna alguém que queremos derrotar ou de quem queremos fugir, porque é a pessoa que pode nos machucar mais.

Às vezes nem reconhecemos nós mesmos nessa fase de disputa de poder. Profundamente desapontados, dizemos coisas piores sobre nosso parceiro do que sobre nosso pior inimigo. Enquanto antes falávamos para nossos amigos o quanto ele era maravilhoso e perfeito, agora reclamamos da sua incrível falta de atenção. Às vezes ficamos realmente assustados com quanta raiva e ressentimento dirigimos a ele. Ficamos confusos e impressionados por podermos sentir tanto ressentimento e desprezo por alguém, às vezes depois de pouco tempo juntos. Esses sentimentos são tão intensos quanto nossa antiga admiração. No final, nos sentimos traídos por nossos parceiros, e nos culpamos por não avaliá-los de forma correta ou os acusamos de nos terem manipulado.

"Lobo solitário" e "chiclete"

Se você sobreviveu à disputa por poder sem se separar, mas provavelmente não entendeu essa fase, logo vai cair na próxima armadilha: dependência.

Agora, os dois parceiros estão lentamente entrando em acordo quanto ao fato de que nada é tão perfeito, vibrante e fácil quanto eles achavam no começo. Eles se mantêm um pouco mais distantes um do outro e começam a se acomodar em seus papéis opostos, a firmar seus territórios. Cada um à sua maneira luta pela posição mais segura e menos vulnerável — em que cada um seja bastante distante e independente, e ao mesmo tempo bem-sucedido na relação, ausente, indispensável, aceito e desejável. Depois de todas as disputas por poder, essa fase parece um momento de férias dos conflitos.

Na maioria das vezes, a fase da disputa por poder acaba com uma briga em que nenhum dos dois abre mão desse tipo de independência. Depois de todas as frustrações e feridas, no fim parece possível recuperar um pouco de controle sobre nossas vidas. Nós podemos convencer o parceiro a fazer tudo à nossa maneira, e, se não der certo, podemos simplesmente nos afastar e parar de manter esse jogo.

É claro que, em um nível mais profundo, essa fase da relação também diz respeito ao equilíbrio dos conflitos interiores dos dois parceiros. É por isso que agora as coisas estão ligadas. Assim que uma das pessoas se distanciou o suficiente para uma posição que parece segura e independente, a outra se encontra inevitavelmente em uma posição de dependência. Frases como "Hoje eu não quero... Amanhã eu não posso... Não sei... Tenho que ir..." levam a outras como "Por favor, venha para casa... Você não pode ser mais atencioso?... Por que não faz alguma coisa com as crianças?".

Durante a fase apaixonada, nossa vida e a do parceiro estavam ligadas simbioticamente. Essa aparente proximidade agora dá lugar a um confuso sentimento de falta de compromisso e de liberdade. Os dois parceiros ficam presos no caos da disputa por poder, na qual raras vezes há vencedores de verdade. É por isso que a relação se fecha em extremos. Quanto mais um se volta para si mesmo e para de participar da relação, mais o outro tem que tentar alcançá-lo. Esse teatro mostra uma dependência mútua, mas os parceiros podem revezar os papéis ao longo do relacionamento.

Papéis assim formam um círculo vicioso. Um parceiro continua sem se envolver, não quer dividir o mesmo teto, casar, planejar uma viagem, passar o Natal junto ou compartilhar rituais importantes. Ele não consegue cumprir responsabilidades do dia a dia ou demonstrar seu amor com palavras ou gestos. Ele evita isso inconscientemente, com medo da perda e da rejeição, com medo de se sentir carente. Ele não *quer* precisar de nada e se afasta para a posição independente dizendo "Talvez, quem sabe...".

No entanto, isso faz o outro parceiro se sentir desapontado e inseguro, e este responde a isso grudando no outro e o aborrecendo — ou seja, com a carência e a vulnerabilidade que o parceiro independente parece querer evitar. De uma forma estranha — e certeira —, isso faz com que o parceiro que é independente se lembre de seus próprios medos sem sequer perceber, o que o faz se afastar ainda mais. O tal dependente logo responde a isso com mais reclamações e grudes. Mas ele também só *parece* estar comprometido. De certo modo, ele está usando o outro para preencher seus vazios e como objeto de prazer. Parece que está preocupado em ficar próximo do outro e em expressar seus sentimentos, mas lá no fundo ele também não está se doando por completo. Ele pode estar mais presente fisicamente, mas lá dentro também não está preparado para se doar, ou não é capaz disso e também está sendo conduzido pelo medo.

Nessa fase, cada parceiro revela a dor e o sofrimento do outro. O que quer que um esconda o outro mostra. Então as coisas podem sair do controle facilmente. Se o solteirão finalmente resolve propor casamento, a dama ansiosa é, de repente, soterrada por dúvidas. Se os chicletes param de estar disponíveis o tempo todo, o lobo solitário é logo tomado pelo ciúme e jura amor eterno. Se em um relacionamento fomos levados ao nosso limite pelo nosso parceiro chiclete, no próximo encontraremos alguém ainda mais grudento. E essa dinâmica nunca tem a ver com amor, mas com controle.

Nessa fase, os parceiros paralisam um ao outro com discussões intermináveis sobre a vida que só servem para sedimentar suas posições, mas se fossem capazes de cooperar e apreciar as habilidades do outro, ambos atingiriam seus objetivos. Mais uma vez, a verdade é que são exatamente as características, perspectivas, modos e visões de mundo que atacamos no outro que devemos integrar à nossa vida para torná-la mais rica. Se você não quer ficar em casa esperando, saia. Se você tem medo de muita proximidade, diga o que sente.

A era do gelo

Se essa polarização o faz sentir estagnado, se é um beco sem saída, se a independência não está levando a lugar algum além da solidão, então com certeza uma carga opressiva vai pesar mais e mais sobre sua relação. A certa altura você pode pensar: "Só estamos juntos por causa das crianças/porque já estamos casados há muito tempo/por causa das nossas dívidas/dos nossos pais..." É como se a relação só existisse por causa de compromissos externos e por dentro fosse totalmente vazia. Depois de todas as disputas de poder e batalhas sobre o certo e o errado, depois de todo o jogo entre dependência e independência, toda a vida do relacionamento parece paralisada. O tédio penetra, e estar junto parece o mesmo que estar numa gaiola. Preenchemos nosso dia com a rotina e nos perguntamos se a vida é só isso mesmo. Qualquer relação parece melhor que a nossa. Formamos um casal — assustadora e inevitavelmente —, mas nos falta uma conexão instintiva, poderosa, profunda. Temos uma sensação perturbadora de que nossa relação está terminando. Sabemos que não podemos continuar assim, porque vamos murchar e morrer.

A era do gelo em uma relação sempre é resultado de um afastamento interior e um teatro exterior. Os dois parceiros estão apenas atuando em seus papéis — eles funcionam no casamento como parceiros/pais/provedores/anfitriões/companheiros em público, mas não estão mais se relacionando como indivíduos. Em algumas festas de carnaval, há enormes bonecos que escondem as pessoas que os carregam. Depois de um certo tempo de casamento, muitas vezes somos como essas pessoas carregando bonecos enormes.

Em algum ponto do casamento, muitas vezes nos sentimos feridos por algo e não tivemos coragem de explicar para o parceiro. Então não há esperança de que essa ferida possa ser curada junto com ele. Talvez tenhamos ficado com ciúmes ou nos sentido humilhados, mas nunca admitimos tal coisa. Talvez tenhamos nos afastado aos poucos porque não conseguimos compartilhar algo importante com o parceiro. Às vezes vejo mulheres que começaram a fingir orgasmos e nunca mais conseguiram parar. Com os anos, por trás da máscara de amante apaixonada, elas sentiram uma solidão e um vazio crescentes, mas mantiveram sua raiva e seu ressentimento escondidos daqueles que deveriam lhes dar satisfação.

Às vezes, como forma de vingança, renunciamos a nossas próprias vontades por nada e nos sentimos vazios. Às vezes nos sentimos culpados porque em algumas áreas não nos sentimos mais próximos do nosso parceiro. Essa dinâmica tem um forte impacto na vida sexual. No dia a dia, não há conversas sobre como cada um se sente e nenhum dos dois sabe como o outro está. Toda a conexão interior desaparece da relação. Ela murcha, mas nenhum dos parceiros admite isso de verdade. Talvez nem tenham consciência disso. A certa altura, um dos dois perde todo o desejo sexual, e, como não conseguem ligar isso à falta de proximidade emocional entre eles, sentem-se culpados e não entendem seu afastamento.

Para evitar esse vazio gelado no qual se perdeu toda a proximidade natural e madura com a outra pessoa, muitos procuram uma substituição simbiótica. Nesse processo, como uma mãe e uma criança pequena, somos unificados com o outro. A voz do Docinho fica mais afável quando ele fala com a Querida, ou a Lindinha fica feliz quando o Amoreco chega em casa. Nossas fronteiras ficam indefinidas, não somos mais dois indivíduos, mas nos sentimos ligados ao nosso parceiro por uma fita adesiva. Quando ele se mexe, somos forçados a nos mexer também. Inconscientemente, nos sentimos dependentes o tempo todo, mas escondemos nosso medo de mostrar nossos verdadeiros sentimentos sob uma máscara de cordialidade infantil. A verdadeira conexão baseia-se em atração e liberdade reais. Então só queremos estar com o outro e nos sentir ligados de forma consistente. Essa fusão simbiótica, ao contrário, apaga os contornos da nossa personalidade, permite apenas uma cordialidade infantil e nos leva ao sacrifício e à dependência.

Fazemos a coisa certa e cuidamos da nossa família, mas pelas razões erradas — isto é, mecanicamente, sem uma motivação interior do nosso coração. Na verdade, quanto menos nos sentimos vivos e conectados com nós mesmos e com o outro, mais perfeitos são os papéis que desempenhamos e maiores são os bonecos que carregamos. Como estamos presos por dentro, é mais difícil ainda sermos alcançados por outras pessoas. Nós nos sacrificamos pelo nosso ideal de como deve ser uma relação em vez de procurarmos um contato imediato com outra pessoa.

Isso pode soar absurdo, mas quanto menos nos realizamos nesses papéis, mais os aperfeiçoamos. Com o tempo, confiamos cada vez menos em nós mesmos para mostrar quem somos. Como por dentro nos sentimos cada vez menos aceitáveis, amáveis e desejáveis, nos controlamos cada vez mais. Enquanto isso, por trás da fachada estamos ficando cada vez mais revoltados, amargos, desapontados e irritáveis. A certa altura nos tornamos bombas-relógio prestes a explodir, mas muitas vezes nos distraímos tanto com nossos vícios e atividades que, no final, também escondemos de nós mesmos nossa triste e explosiva confusão.

Para continuar funcionando sob toda essa pressão, acrescentamos regras a nossos papéis. Descobrimos a forma como devemos nos comportar e agimos de acordo com ela. Conscientes ou não, compensamos todos os nossos sentimentos de culpa, fracasso ou distância nos comportando bem. Nós nos sacrificamos. Porém, todas essas novas regras só têm um objetivo: nos proteger de mais dor e impedir que os outros nos tirem o controle. Na verdade, as regras que deveriam nos salvar tornam as nossas vidas insuportavelmente vazias, estagnadas e sem graça. Elas asseguram que nunca mais teremos um contato significativo com ninguém.

Mais uma vez estamos em um círculo vicioso. Mais uma vez ele tem sua origem na nossa infância. Mais uma vez é importante entrar em contato com aquilo que somos de verdade. Temos que usar essa era do gelo para derreter nossas velhas feridas, em vez de escondê-las nos comportando bem mas sem nenhum traço real de vida. Esse deserto gelado e vazio pode parecer o fim do relacionamento, mas admite a possibilidade da mais profunda cura.

"Você me deixa doente!"

Se a paralisia e o peso não trouxeram consciência e cura, nem levaram à separação, se continuamos usando máscaras, isso pode nos levar à doença e à morte. Quando toda a nossa fusão simbiótica, todo o nosso sacrifício cordial, todas as nossas regras e papéis, todas as nossas disputas de poder e outras batalhas não trouxeram a atenção e o cuidado que nosso coração desejava, inconscientemente só temos uma opção: temos que ficar doentes.

"*Ter* que ficar doente" — talvez você ache que estejamos indo longe demais. Como você pode *se deixar* doente? Eu poderia escrever um livro inteiro sobre a ligação entre corpo e alma, mas já existem muitos sobre o assunto. Nosso corpo é nosso ajudante, nosso órgão executor. É o lugar onde se mostram nossos pensamentos inconscientes e nossas necessidades, nossa verdade. É o lugar onde podemos reconhecer o quanto estamos divididos por dentro. É o lugar onde nossa vontade, nossa disciplina e nossos ideais são derrotados por nossos vícios. É o lugar onde acontecem muitas coisas de que nossa consciência não gosta. Queremos ser fiéis, mas cada centímetro da nossa pele deseja outra pessoa. Queremos ser magros, mas engordamos. Sorrimos alegres e abertamente, mas ficamos de braços cruzados. Somos receptivos com as outras pessoas, mas fechamos a cara.

Reconhecemos bem cedo que essa interação inconsciente entre corpo e mente pode ser vantajosa. Muitas crianças percebem rapidamente que uma doença atrai bastante atenção dos pais, que só assim mamãe e papai lhes dão o tipo de cuidado que elas não recebem em nenhum outro momento. Em um nível mais profundo, aprendemos cedo que, quando doentes, nossos corpos nos ajudam a conseguir as coisas que nossas mentes desejam.

Nesse contexto, a doença tem ainda uma segunda vantagem. Conscientemente, queremos um médico, um remédio, uma cura, mas inconscientemente não queremos de fato ficar bem, saudáveis, fortes e em forma, pois isso traz o risco de que as pessoas deixem de cuidar de nós.

É por isso que muitas vezes encontramos a doença no campo de batalha do amor. Um dos parceiros é fraco e frágil — e fica doente primeiro na relação — e, quando o relacionamento começa a ficar cada vez mais sem vida, ele fica tão doente que a outra pessoa é forçada a lhe dar amor, cuidado e atenção. Acredito que há inúmeros casos em que uma pessoa, depois de anos de solidão e frieza no casamento, resolve se tornar um doente irremediável.

Há ainda um outro aspecto na relação entre doença e amor: o autossacrifício. O parceiro nesse papel está sempre ocupado, trabalha duro e não cuida de si mesmo e de suas fraquezas, muitas vezes recai em um ou mais vícios e heroicamente ignora qualquer sinal de uma possível doença. Ainda que não seja tão fácil de reconhecer, essa pessoa também está desesperada por atenção e cuidado. Inconscientemente, ela se negligencia na esperança de encontrar alguém que vá cuidar dela e amá-la mais do que ela ama a si mesma. É claro que ela nunca vai admitir nem pedir isso. Na verdade, o que ocorre é o oposto — se alguém disposto a dar isso tudo aparece em sua vida, ela vai recusar qualquer conselho e ajuda. Conheço casais em que a esposa se tornou uma perfeita enfermeira e terapeuta, apenas para ver, sem poder fazer nada, o marido se afastar cada vez mais, trabalhar cada vez mais, beber e fumar cada vez mais, comer cada vez pior e desenvolver cada vez mais sintomas de doenças.

Seja por causa da doença ou do autossacrifício, os relacionamentos baseados neste padrão são um bom exemplo de que cada casal é um sistema com uma dinâmica inconsciente em funcionamento. Por trás da doença e do autossacrifício estão o medo, a autorrejeição e o desejo — talvez lutando sutilmente entre si — por aceitação. No entanto, é claro que tentar ganhar amor e atenção do nosso parceiro dessa forma nunca dá certo, porque é como se fosse o resultado de uma relação de negócios, sem nenhuma doação voluntária. E a doação voluntária é *a* condição necessária para a cura em qualquer relacionamento.

Isso nunca acaba... mas melhora!

Todas essas fases, com suas lições às vezes extremamente dolorosas, são verdadeiros desafios que podem tornar os dois parceiros capazes de encontrar seus próprios corações e se tornarem mais completos — desde que essas fases sejam compreendidas e utilizadas para esse fim.

Se, enquanto parceiros, quisermos vencer todos os obstáculos que nos esperam ao longo de um relacionamento, então ficaremos cada vez mais próximos. De repente surgirão sentimentos que não estavam lá antes. De repente as coisas vão funcionar com uma tranquilidade que não havia antes. Às vezes podemos não acreditar em todas as coisas novas que estamos descobrindo no velho relacionamento. E ao mesmo tempo, quase imperceptivelmente, uma espécie de paz vai ganhando lugar. E não parece algo sem graça e tedioso. Com ela, podemos recuperar e revitalizar um ao outro. Nós nos sentimos seguros e confortáveis. Não há sinal de perturbação, nem desejo de distração e agitação. Sentimos como é compartilhar de verdade nossa vida com outra pessoa. Isso faz com que queiramos nos abrir cada vez mais.

Quando uma verdadeira parceria está surgindo em um relacionamento, às vezes parece que ele está voltando a ser o que era no começo. Algumas vezes os sentimentos são até mais fortes que no início. Porém, essa fase também tem seus desafios. Exatamente porque estamos compartilhando tanto com o outro, nossas dores mais profundas vêm à tona. Assuntos que até agora eram reprimidos surgem. Disputas por poder aparecem do nada, e podemos achá-las bem estranhas. Qualquer rigidez do nosso parceiro parece muito dolorosa, e corremos o risco de responder com impaciência e incompreensão a questões que pareciam resolvidas há muito tempo.

Se estivermos juntos, nosso crescimento vai nos desafiar e nos oferecer cada vez mais oportunidades de uma cura profunda, especialmente quando algo se parece com dar um passo para trás. Nossa confiança no relacionamento sempre será desafiada, e sempre seremos recompensados por cada passo corajoso que dermos em direção ao outro.

5
Sexo ou não — eis a questão...

Ao falar de sexo, muitas vezes dizemos "fazer amor". Em outras línguas, é mais comum a expressão "fazer sexo". Para mim, nenhuma das duas serve. Prefiro "deixar o amor fluir", expressão que considero um dos segredos mais bem guardados do Ocidente.

Dificilmente algo do que sabemos sobre esse fluxo realizador entre dois corpos nos é comunicado de forma natural, apesar de hoje em dia sermos expostos todo o tempo a estímulos sexuais e imagens de pessoas nuas. Nenhuma outra área da relação entre homem e mulher é preenchida com tantas promessas, tanta confusão e tanta dor. Nos dias de hoje, parece que tudo é permitido. No entanto, isso não traz a maravilhosa excitação e satisfação que esperávamos, mas culpa e dúvidas angustiantes. Nossa sexualidade natural é tratada segundo uma abordagem técnica. Muitas vezes perdemos contato com nossa real fonte de excitação e não temos ideia de quanto é fácil se expressar sexualmente, de com quanto poder nossos sentimentos podem fluir e de como eles podem encher a nós e a nossos parceiros de amor. Roubaram a inocência natural do sexo e a substituíram pela ideia de que tudo é possível. Então as pessoas se sentem cada vez mais perdidas e não sabem mais onde estão.

Fazer sexo ou fazer amor?

Falando como uma terapeuta experiente, acredito que quase ninguém está consciente de quanto dano emocional e físico essa *overdose* sexual está causando. Estou sempre conhecendo pessoas que morrem de vergonha por não transarem há anos ou nunca terem realmente ficado satisfeitas com sexo. Resultados de enquetes esfregando em suas caras que todo mundo está se divertindo mais que eles reforçam o sentimento de fracasso. De acordo com pesquisas às vezes exageradas, os casais brasileiros fazem sexo pelo menos duas vezes por semana, os cariocas fazem duas vezes por noite e um terço das pessoas que vemos no supermercado, na academia ou na rua incrementa seus numerosos encontros sexuais com chantilly, champanhe ou roupas de couro.

Essas estatísticas pregam que tudo é possível para *os outros*. Elas confundem as pessoas por inteiro sobre suas reais necessidades físicas, sua fragilidade sexual e sua modéstia. Na verdade, há pouquíssima diferença entre as estatísticas sobre qualquer outro assunto e aquelas sobre a vida sexual das pessoas. Quase um terço das pessoas angustiadas e envergonhadas não responde a pesquisas, mesmo as de institutos renomados que garantem total anonimato. Perguntas abordando a frequência do sexo, as práticas preferidas e os tipos de estimulantes definitivamente continuam sem resposta. E quanto ao restante? Quem iria confessar que se sente um fracassado?

A TV, os anúncios, a internet e toda uma variedade de revistas sugerem mais ou menos diretamente que sensualidade, erotismo e tesão são normais e acessíveis a todos. Então, se nossa vida íntima não tem nada desse glamour, dessa vitalidade e dessa satisfação interior, começamos a fingir, tanto para nós mesmos quanto para os outros. Nos deixamos levar por imagens em nossas cabeças e não pelo parceiro de verdade, nos arrumamos todos ou nos sentimos equivocados e inadequados. Uma paciente certa vez começou a sessão com a frase "me sinto uma leprosa", e confessou entre lágrimas que não tinha vontade de fazer sexo há muito tempo. Na cama com o marido ela fingia orgasmos ou se estimulava com pensamentos e imagens excitantes. Depois, ela costumava correr para o banheiro para chorar e se lavar. Ouvi histórias assim de muitas mulheres.

Os homens muitas vezes me contam por que compram sexo ou imagens de sexo, secretamente gastam uma pequena fortuna em bordéis ou passam noites inteiras vendo pornografia na internet depois que suas esposas foram dormir. O que eles descrevem parece uma doença, um vício e quase sempre está enraizado em sua suposta fraqueza. Nas profundezas mais escuras de suas mentes eles dizem: "Eu sou um fracasso. Não consigo mais fazer minha esposa feliz, não consigo mais alcançá-la, fazê-la se abrir para mim..." Em algum lugar em seus corpos há um desejo ardente de se libertarem, de se deixarem levar e se conectarem a alguém.

Imagens perfeitas, parceiros perfeitos, posições perfeitas...

Quer isso se deva aos filmes, às pesquisas ou aos anúncios, tanto os homens quanto as mulheres estão se submetendo cada vez mais à pressão dessa caça generalizada por imagens perfeitas, parceiros perfeitos, posições perfeitas e uma performance perfeita. No final, eles são levados pelo desejo de fazer *tudo* perfeitamente.

A meu ver, essa pressão para alcançar a perfeição e a exaustão mental e emocional que resultam dela são o que impede principalmente o amor físico hoje em dia. Todo mundo está obcecado com a frequência sexual. Você *tem que* transar duas vezes por semana, e, se só o fizer duas vezes por mês, é um forte indício de incapacidade sexual. Porém, essas exigências, medidas e comparações fundam as bases para o desaparecimento do desejo sexual. Nada é mais importante para o amor físico que relaxar e se divertir. Mas em vez disso ele é visto de uma forma técnica e controlada e sob o peso de fantasias e utopias, perdendo todas as perspectivas reais. No começo deste livro, eu disse que 70% dos divórcios são desnecessários. Também concluí que, a julgar pela quantidade de rostos que vejo envergonhados, distorcidos pelo vício, existe um número igualmente alto de casamentos em que não se faz sexo há anos ou em que o sexo se tornou algo mecânico e sem nenhum romantismo.

Ninguém ousa admitir que não faz muito sexo. Até aqueles que corajosamente ignoram até certo ponto as exigências da sociedade acham difícil confessar que, apesar de estarem dentro da normalidade de acordo com as estatísticas, sentem que algo está faltando, que em algum lugar lá no fundo eles são assombrados pelo vazio. Muitos casais de longa data se sentem fadados a uma vida sexual entediante. É difícil haver algo novo ou criativo no sexo, muito menos algo mágico. *Lingeries* sensuais, filmes pornôs, fantasias, clubes de *swing*, trocas de parceiros — nada disso lhes dá base para um encontro real de corpos e mentes. Ainda pode haver amor entre os parceiros, mas eles são incapazes de expressar isso genuinamente de forma física. Isso invariavelmente leva a relação a definhar ou a um aumento das brigas. Mais cedo ou mais tarde a separação parece ser a única saída.

Na minha opinião, se o sexo se torna um beco sem saída, ele pode destruir qualquer relação. Porém, a separação causada pelas dificuldades na cama não resolve o verdadeiro problema. Em algum momento a velha perturbação retorna, e a busca pela chance de conectar sexo e alma e expressar o amor de forma física continua. É uma busca guiada por um desejo humano profundo, que permeia cada aspecto das nossas vidas, que supera todas as convenções e morais, que a longo prazo é mais forte que toda a euforia do começo de um relacionamento e que não pode ser satisfeito por pornografia ou fantasias sexuais. É um desejo que nos lembra do nosso maior desafio: doar-nos a outra pessoa, da maneira que somos, e amá-las da mesma forma.

O beco sexual sem saída

Então continuamos aos trancos e barrancos, controlando a frequência com que fazemos sexo, examinando nossas práticas e nossos parceiros. Dificilmente alguém experimenta o poder real, profundo e realizador do amor físico ou percebe sua poderosa dimensão espiritual. Em termos de sexualidade, quase todo mundo se beneficiaria se recomeçasse do zero. Seria libertador se pudéssemos confessar ao outro que não sabemos nada ou que nada do que fazemos nos leva ao que desejamos. Se ousássemos fazer isso, poderíamos reencontrar nosso parceiro com toda a inocência e verdade, poderíamos nos entregar fisicamente e alcançar a cura. Mas não ouvimos nada sobre esse tipo de atitude na mídia ou na sociedade como um todo, e não aprendemos isso na escola.

Há uma enorme falta de conhecimento sobre o amor físico. Falar sobre o fluxo natural do amor na sociedade ocidental é como falar de neve no deserto. Os jovens recebem uma educação sexual técnica e depois enfrentam sozinhos a luta em busca de intimidade. Hoje temos experiências sexuais mais cedo, mais fácil e mais frequentemente do que nunca, mas elas nos levam mais cedo, mais fácil e mais frequentemente à insegurança, à angústia e à vergonha. Em vez de viver a sexualidade como uma força vital natural, muitos jovens duvidam de si e não confiam em seus corpos. O sexo continua sem ser trabalhado, como uma sombra interior que aparece mais tarde a cada tentativa de experimentar o amor físico. Na maioria das vezes não fazemos ideia de por que nos sentimos frios, frígidos ou impotentes ou estamos sempre desejando novos casos amorosos.

Queremos tudo, mas não sentimos nada

Nossa vida amorosa é polarizada, com um grande abismo entre "quero sexo o tempo todo" e "não sinto nenhuma vontade de transar". Isso pode parecer uma surpresa para você, mas nenhum dos dois polos satisfaz.

Se não sentimos nenhum desejo, nos sentimos entorpecidos e mortos. Nosso coração foi partido incontáveis vezes. Em alguma parte do nosso caminho, o sonho de amor verdadeiro e realização sexual foi destruído por possessividade, ciúme, sacrifício, mesquinharia, desconfiança e traição. Aos poucos, nos afastamos das nossas sensações físicas e nos separamos totalmente da nossa sexualidade. Podemos até condená-la. Mas mesmo quando reprimimos nossa dor e negamos nosso desejo profundo de amor físico, o sexo continua exercendo seu poder sobre nós a partir de nossas sombras.

Uma de nossas sombras preferidas é nosso parceiro. Se reprimimos nossos desejos, para nosso parceiro tudo diz respeito a sexo. Eles sempre estão com vontade, sonham com isso. Eles sempre podem fazer. E, se não os deixamos fazer, eles simplesmente vão embora — para festas, bares, internet, shows de *striptease* ou prostitutas.

Se, por outro lado, controlamos nossa sexualidade sem nos deixar atingir por nada que seja sensual ou ardente dentro ou fora de nós, algo na nossa vida se torna pesado. Algo morre. Nos tornamos alguém "melhor", mas é como se parte de nós morresse.

De qualquer forma, o impulso sexual continua poderoso. Se não curamos nossas feridas, se reprimimos nossa dor e a controlamos, esse impulso se torna um terrorista ameaçando nossa vida por todos os lados. No final podemos escapar nos tornando chatos, metidos a perfeitinhos ou críticos, ou podemos cuidar das nossas feridas e nos reconectar aos nossos corações e à sexualidade. Então o fluxo sexual retorna mais ou menos naturalmente.

Não é só quem nega ou reprime seus desejos que tem problemas. Amantes insaciáveis também têm dores de cotovelo. Viver trocando de parceiro sexual pode revelar uma busca desesperada por amor. Todos os conquistadores que pulam de cama em cama e todas aquelas sedutoras insaciáveis não são deuses ou deusas do sexo — eles estão perdidos, procurando com o corpo o que só pode ser encontrado com o coração. Seus corações foram partidos, como o daquelas pessoas que estão eternamente entorpecidas, e eles também não querem mais sentir dor. Contudo, eles não desistiram — estão lutando, procurando e colocando à prova. São guiados pelo encanto de uma nova aventura, de uma nova conquista.

Hoje em dia, é difícil encontrar uma pessoa ou relacionamento que não precise ser curado sexualmente. Quando casais em crise me procuram, em geral descrevem dois tipos de sexo. A frase "Não transamos há muito tempo" define um desses tipos. O outro pode ser resumido à fórmula "Nada mais funciona, enquanto antes tudo ia bem na cama". No primeiro caso, é óbvio que a conexão entre os parceiros foi cortada. O mesmo também vale para o segundo, pelo que sei. Amantes e todo tipo de vício em pornografia são encontrados tanto em relacionamentos sexualmente debilitados quanto nos vigorosos.

O sexo como arma

Quando Rebeca me procurou, ela estava chocada. Descobrira que o marido andava frequentando prostíbulos há algum tempo. "Mas as coisas sempre funcionaram tão bem na cama!", disse ela, balançando a cabeça. Por que seu marido procurava prostitutas? Ela não conseguia entender nada.

Durante nossas sessões, surgiu o fato de que o sexo era há muito tempo a arma mais poderosa na disputa de poder que havia em seu casamento. Rebeca brincava com seu corpo e com seu marido. Certas vezes, quando não conseguia entrar em sintonia com ele de nenhuma outra maneira, ela o seduzia. Muitas vezes fazia o que ele queria, mas só para dominá-lo depois. Às vezes era "permitido" que ele a possuísse porque ela queria mais tempo com ele. Às vezes ela o rejeitava para sentir o próprio poder sobre o marido. Em festas, eles seguiam seus próprios caminhos muito rapidamente e flertavam com outras pessoas na frente um do outro — mas só iam até certo ponto.

Rebeca descobriu que não havia quase nenhuma intimidade verdadeira em seu casamento, que ela raramente contava seus desejos ao marido e que a vida dos dois era muito ocupada — tão intensa quanto eles eram na cama. Ela também se deu conta de que era raro experimentar proximidade e conexão de verdade. Mais do que tudo, percebeu que, desde o primeiro dia, ela sempre tivera medo de perder o marido. Quando eles se conheceram ele estava em outro relacionamento e levou algum tempo até escolher Rebeca. Desde então ela era assombrada pela insegurança. Nunca tivera a sensação de que ele estava comprometido por inteiro. Então, sempre que sentia medo de que ele a abandonasse ou traísse, ela tinha o impulso de seduzi-lo. Sempre sentia que tinha que se colocar à prova — e isso a excitava. No entanto, seu coração nunca ficou em paz durante a relação. Ela nunca se sentiu amada de verdade.

Mais adiante, o marido de Rebeca também veio às sessões. Ele não se saía muito melhor. "Minha mulher está sempre exigindo de mim", refletiu ele. "Eu nunca sou bom o suficiente. Ela sempre implica comigo. Nosso casamento tem exigido demais de mim." Eles realmente faziam sexo com mais frequência e intensidade, mas ele se sentia cada vez mais vazio.

Quando o sexo é utilizado como arma ele se torna vazio, egoísta ou sem vida. Às vezes é utilizado para manipular aqueles que dizemos amar. Muitas vezes determina os níveis de dependência, desvalorização e falta de atração numa relação. Usamos nossos corpos para atrair os outros ou afastá-los. Tudo isso mina nosso próprio poder físico e priva o sexo de seu efeito curativo.

Há um sentimento que por vezes está ligado ao sexo: medo. Contudo, o sexo é o mediador do amor, uma possibilidade de doar-se ao outro, uma forma de tornar significativo o contato com outra pessoa e deixar de lado a solidão. Veja como os bebês são naturalmente ligados à sua vitalidade. Sexo é a nossa forma mais natural de comunicação. Deve ser algo divertido. Pode construir pontes e expressar o amor que sentimos.

6
"Machos" e "florezinhas"

Todos queremos harmonia e união entre os sexos — só para descobrir no final que realmente os homens são de Marte e as mulheres são de Vênus. No entanto, o fato de que os dois sexos funcionam de formas diferentes não é uma notícia ruim para um relacionamento. É bem o contrário: uma parceria emocional bem-sucedida precisa das diferentes forças de homens e mulheres. O verdadeiro problema reside em outro lugar. Muitas representantes do sexo frágil se tornaram machões e muitos mestres do universo se tornaram florezinhas. As mulheres perderam sua feminilidade natural, e os homens sua masculinidade.

Chegar ao cerne dos problemas do seu relacionamento requer coragem e paciência, mas você vai descobrir que hoje em dia — no começo do século XXI — há muitas mulheres que odeiam homens e homens que temem mulheres. Ambos são formas enrijecidas e deformadas do que antes eram poderes elementares verdadeiramente divinos.

Uma mulher é receptiva por natureza. Ela é fisicamente constituída para receber o homem dentro de si, se abrir para ele. O homem é feito para dar. Ele é capaz de se movimentar, de estimular, de fertilizar. Na terapia, muitas vezes uso uma imagem que resume tudo para mim. A mulher é como um lago; o homem é como um rio que corre para o lago. A saúde, a vitalidade e a limpidez do lago dependem acima de tudo da qualidade do rio que o alimenta. Se o rio é poluído, se lixo e esgoto são lançados em seu curso, não tem jeito: isso vai contaminar o lago também. Todo lago é tão bom quanto o rio que o alimenta.

Estou consciente de que nessa era de emancipação e igualdade de direitos essa imagem pode parecer antiquada, até mesmo reacionária, e despertar protestos veementes, mas ela simboliza a verdade. Se você aceitar isso só por um momento e levar em consideração seu verdadeiro sentido, vai descobrir a força revolucionária que pode surgir quando homens e mulheres retornam à sua essência verdadeira.

Quando as mulheres tentam mudar seus homens o tempo todo, implicam e querem ser tão poderosas quanto eles, procuram evitar mais dor, ou, para continuar com a metáfora, tentam proteger seu lago da poluição do rio. Um comportamento assim tem o mesmo efeito que uma represa: faz o lago secar lentamente.

Quando as mulheres tentam remodelar seus homens, quando brigam e provocam, quando começam a dar ordens dos bastidores e agem com um ativo poder masculino, elas perdem sua receptividade, sua dedicação e sua delicadeza. Endurecem e se tornam imitações dos homens. É por isso que — consciente ou inconscientemente — elas reclamam dos homens. "Ah, os homens..." é algo que pode ser ouvido em todos os lugares hoje em dia. A frase é dita de forma doce, porém forçada, e na realidade ela é amarga. Expressa um desprezo silencioso.

Em outros tempos, as mulheres suportavam seu destino ou manipulavam os homens afastando seu amor. Hoje elas competem com os homens, entregam-se a fantasias ou, cheias de amargura, pedem o divórcio. Em vez disso, elas deveriam acreditar no infinito poder transformador do seu amor e na precisão de sua intuição. Quantas vezes conheci mulheres que aprenderam desde cedo que algo em suas vidas ou em seus relacionamentos estava errado! No entanto, muito poucas confiaram em seus instintos e reuniram coragem suficiente para seguir sua intuição.

A liberação feminina não permitiu que as mulheres realmente conhecessem a si mesmas. Ela proporcionou novas liberdades e abriu novas portas. As mulheres puderam se tornar independentes, responsáveis, criativas e habilidosas, mas muitas, em luta contra um sistema dominado pelos homens, acabaram presas nesse próprio sistema. As mulheres censuram a triste confusão que a supremacia masculina fez de suas vidas, mas clamam pelo poder de desafiá-la, não pelo exercício de sua feminilidade. Mais do que tudo, elas não têm atentado para sua própria contribuição para o agravamento do problema, sua própria vontade de se sacrificar e sua falta de fé nas próprias habilidades. Em sua batalha para sair da sombra masculina, muitas vezes elas não arrancam forças de seu poder feminino único, mas se tornam mais duras, amargas e brutais que os homens.

Apesar disso, muitas coisas mudaram para as mulheres. Pelo menos na nossa cultura, elas não são mais deixadas de lado, não têm que ficar em segundo plano. As mulheres conhecem seus direitos e as possibilidades que lhes estão abertas, e podem tomar suas próprias decisões. A grande maioria dos divórcios, por exemplo, é pedida pelas mulheres. Mas lá nas mentes femininas há um fundo escuro cheio de medo da dominação masculina, da sexualidade masculina, um temor que automaticamente alimenta um outro canto escondido das nossas mentes — aquele que elas preenchem com o ódio pelos homens.

O lamento da mulher ferida

Não temos apenas um inconsciente individual. Também compartilhamos um inconsciente coletivo — nossa herança social e histórica. Se o material genético de uma célula feminina pudesse nos contar sobre os últimos séculos, ele falaria de submissão, estupro, escravidão, bruxaria e inúmeras crianças nascidas vivas ou mortas. Até mesmo no século XX, só nas últimas décadas ele poderia dizer que a mulher experimentou um orgasmo. A mesma célula também carregaria informações sobre abortos de risco, secretos e ilegais. Conheceria os deveres conjugais, a dependência financeira e a gravidez indesejada. Uma célula do passado recente contaria sobre as batalhas por reconhecimento, as ambições profissionais e a liberdade sexual. Mas isso tudo seria apenas uma pequena porção do material genético.

A célula de uma mulher do futuro saberia que suas antecessoras só alcançaram metade de sua capacidade de armazenamento. Saberia que só deram vida a uma pequena fração de seu infinito poder feminino. Saberia que a reserva de amor que guarda é suficiente para mudar o mundo. Saberia que o corpo de mulher a que pertence é um instrumento preciso no qual ela pode confiar totalmente. A verdadeira emancipação é se basear na responsabilidade sobre si mesma e na liberdade, e ao mesmo tempo se relacionar com a vida de forma profunda, natural e firme. Competência de verdade é se conectar pelo instinto a todo conhecimento que diga respeito à vida e ao planeta. A célula saberia que a mulher a quem pertence não tem que se libertar de nada, mas se comprometer inteiramente com sua própria fonte ilimitada, seu coração.

Na verdade, a essência feminina não diz respeito a filhos ou carreira, mas a uma forma natural, instintiva e saudável de lidar com os filhos, o trabalho e a vida como um todo. Diz respeito a uma conexão universal inatingível e a um profundo e sincero poder intrinsecamente ligado à vida. Diz respeito a uma aceitação total da vida que passa longe do autossacrifício. Diz respeito a um tipo de conhecimento que simplesmente existe e que não pode ser aprendido.

Sonhando com príncipes encantados

Homens e mulheres sabem que os seres humanos não são seres supremos e que o poder físico não é a característica mais importante numa pessoa. Na verdade, já sabemos disso há algum tempo. Então por que, apesar de saber disso, as mulheres continuaram em desvantagem por tanto tempo? Como puderam ter negado seu direito de igualdade até tão recentemente? Como seu modo natural de expressar sua igualdade emocional, mental e espiritual em relação aos homens foi suprimido por um período tão longo? Seria fácil demais dizer que as mulheres foram vítimas dos homens e de sua suposta superioridade. Em que as mulheres contribuíram para essa guerra dos sexos?

Da mesma forma que até hoje as células femininas contêm memórias dos dias negros de estupros e submissão, as mulheres ainda desejam um homem forte e um nobre salvador, apesar de conscientemente exigir igualdade e liberdade. Nossa história não contém apenas opressão. Ela também mostra que, durante muito tempo, escolhemos o caminho mais fácil para sermos protegidas e sustentadas. Até hoje as mulheres abdicam de suas responsabilidades e deixam os homens tomarem decisões, sustentarem-nas e enfrentarem os julgamentos e percalços da vida. Muitas mulheres gostam de manter distância dos campos de batalha da vida profissional e de ser mantidas pelos homens. Para começar, elas também admiram os homens por suas habilidades e pelo status e estilo de vida que eles podem lhes proporcionar.

Esse tipo de sucesso não nutre de verdade uma família. No início ele suga os homens e, no final — inevitavelmente —, também a parceria. Durante a relação, as mulheres são forçadas a descobrir o quanto o estilo de vida masculino é deficiente. Elas aprendem que este leva à riqueza e ao status social, mas ao mesmo tempo é um beco sem saída e não lhes dá satisfação duradoura. No fim das contas, dependentes de seus homens e de suas deficiências, elas os punem com o desprezo. Quando continuam casadas, ficam cheias de ressentimentos e têm medo de perder o conforto superficial que essa dependência proporciona.

As mulheres muitas vezes estão insatisfeitas com o trabalho de seus maridos e desapontadas com suas próprias vidas, e lá no fundo de suas memórias estão tão habituadas à ideia de que não têm valor que ainda deixam de confiar na força e no poder que possuem e, no fim, se recusam a ser responsáveis por suas próprias vidas. Então a responsabilidade continua com os homens, assim como a culpa pelo estado do planeta, da economia, da política, da família, do sexo — e das mulheres.

É claro que, além das reclamonas, cujas vidas se resumem a servir de motoristas para os filhos e fazer o trabalho doméstico, existem as chamadas "supermulheres" — mulheres que são como os homens, só que melhores. Uma amiga que trabalha em uma grife internacional há pouco tempo me contou o seguinte: "Até mesmo no mundo da moda, as mulheres com cargos poderosos estão se tornando cada vez mais assexuadas. Elas são inteligentes e elegantes, mas não expressam sua feminilidade." Se a mulher quiser ter uma carreira, aparentemente ela tem que "entrar no jogo" e "se adaptar".

As reclamonas e as "supermulheres" são apenas dois extremos da confusão feminina e geral da sociedade. Entre esses dois polos há inúmeras variações na busca da mulher por completude e realização. O movimento feminista das últimas décadas trouxe muitas verdades, mas no fim das contas são só meias verdades. A questão não é brigar para se sobrepor aos homens ou se resignar diante da supremacia masculina. Na verdade, é finalmente reconhecer sua própria liberdade e força enquanto mulher.

Por trás de toda mulher infeliz há um homem fraco

É claro que essas mulheres infelizes, revoltadas e sacrificadas têm maridos — em geral, o tipo de homem que tem medo do próprio poder. Há um bom tempo, os homens estão competindo exaustivamente uns com os outros. Testar sua força, vencer e render-se são coisas que compõem cada uma de suas células. O deplorável ciclo em que os homens estiveram presos por milhares de anos envolve disputas pelo poder, derrotas e compensações. Vencer era algo indispensável para ser homem, e na busca pela vitória eles sempre tiveram que considerar a possibilidade de serem derrotados por alguém mais forte. Porém, os homens nunca puderam admitir esse medo. Sempre precisaram convencer a si mesmos e aos outros de que tinham poder e força, até mesmo quando não os possuíam. Ou tinham que encontrar homens mais fracos para se sentirem fortes novamente.

A maioria dos homens conhece suas forças e habilidades e entende de assuntos práticos, mas não sabe do que precisa para encontrar paz e felicidade. Eles sabem como o mundo funciona, mas não sentem sua força vital e não entendem o que ocorre dentro da alma. Eles negam sua existência para não terem que lidar com ela. A maioria dos homens conhece as *coisas* e consegue analisar como elas funcionam em conjunto, mas não vive o amor — eles o confundem com a empolgação da conquista e não fazem ideia dos mistérios do coração. Eles não sabem que suas cabeças nunca vão entender seus corações.

Por outro lado, existem muitas coisas que as mulheres não entendem — elas simplesmente *sabem*. Esse tipo de conhecimento não exige um processo de análise: ele apenas existe e se torna real se nos preocupamos com ele. O coração não tem explicações para esse tipo de conhecimento, não pode dar razões para ele ou prová-lo com base científica. Por isso, a sabedoria do coração raramente é reconhecida ou levada a sério na nossa sociedade.

Só os homens que tiveram contato com sua conexão natural com a vida podem realmente ter algum efeito sobre o mundo, a economia, suas famílias e esposas. Quando um homem segue sua força real, ele pode se renovar. Ele pode ser fértil. Acima de tudo, um homem assim é seguro de si e de sua capacidade de amar — o que é indispensável para que se possa dar amor — e assim a esposa de um homem desses não vai se atrofiar lentamente enquanto pessoa.

Mulheres-machos, homens-mulherezinhas

Alguns homens estão tão presos ao jogo "cabeça *versus* coração", "poder *versus* falta de poder" quanto as mulheres. E como nenhum dos dois sexos está conectado a seu poder real, um fica fazendo exigências ao outro. As mulheres procuram proteção e cuidado, mas ficam ressentidas quando têm que pagar com sua autonomia. Os homens insistem em liberdade e poder, mas são forçados a esconder sentimentos e a cuidar de uma pessoa supostamente inferior. Ambos estão cansados desse jogo de ou-isso-ou-aquilo, que não tem nenhuma utilidade. As mulheres se tornaram fortes com a luta pela igualdade e viraram mulheres-machos; os homens, por trás de suas máscaras de independência, se tornaram cada vez mais fracos e viraram mulherezinhas. Os dois se sentem traídos com essa polarização.

Um indivíduo saudável tem forças masculinas e femininas — forças que se expressam de diferentes modos e se completam de forma ideal. Quando homens e mulheres querem investir suas respectivas qualidades em uma relação, cada parceiro precisa de um mínimo de autonomia e responsabilidade. Graças à liberação feminina, agora sabemos que as mulheres têm tanto potencial quanto os homens. Porém, ousamos dizer que precisamos de tanta autonomia, responsabilidade e liberdade financeira quanto os homens? Mulheres de todas as idades me mostraram que, se querem mesmo se doar, têm que se sentir livres e capazes de tomar decisões sozinhas. Para fazer isso, devem aprender a ter responsabilidade sobre suas próprias vidas. A verdade é que, se um relacionamento é feito para durar, as mulheres precisam aprender cada vez mais a caminhar com as próprias pernas — financeira, intelectual e emocionalmente.

Não acredito que ser mulher signifique ser uma dona de casa e uma mãe sem personalidade. Significa ter um coração livre, instintivo e receptivo. Significa estar sempre mostrando a seu marido e seus filhos como a vida é forte e rica quando somos guiados pelo coração. Ser homem não significa ser o melhor, mas ser você mesmo — com confiança. Ser homem não significa se afastar dos sentimentos, dos instintos, da esposa e da família para aguentar a responsabilidade por tudo.

Acho que uma relação realmente saudável se desenvolve quando homens e mulheres percebem seu potencial, quando os dois trabalham e ganham dinheiro, quando ambos cuidam dos filhos e do seu desenvolvimento pessoal. Acredito que maridos que são meros provedores e raros visitantes do lar nunca vão recuperar a integridade emocional — e seus corações. Também acredito que mulheres que se sacrificam, que estão "sempre disponíveis para todo mundo", mas não cuidam de nada além da casa e da família, nunca poderão liberar todo o seu poder feminino e nunca poderão se doar por completo.

Donas dos corações masculinos

Uma vez um homem me explicou o seguinte: "Mulheres que amam de verdade não fazem exigências. Elas não querem que os homens as sustentem, não querem que eles as protejam; só querem que eles as amem." Aprendi que as mulheres querem esse tipo de amor para que possam se voltar completamente à sua percepção interior, encontrar paz dentro de si e se sentir realizadas. Dessa forma elas podem encontrar e sentir o amor-próprio dentro de si. Só assim podem perceber todo o seu potencial e chegar à sua sabedoria natural.

Um homem que vivencia o que acontece com uma mulher que se sente amparada dessa forma, mesmo que seja só uma vez, e uma mulher que se sente reconhecida e realizada por um homem não conseguem mais fingir. Eles ganham coragem e apostam alto — às vezes na carreira e no reconhecimento social de uma só vez. Homens e mulheres que realmente complementam e entendem um ao outro podem mudar o mundo.

São as mulheres que têm que liderar a jornada na selva que leva de volta ao coração. É inútil prolongar as reclamações de que os homens negam isso e reprimem aquilo, que eles são robôs emocionais e psicologicamente idiotas. As mulheres devem secar suas lágrimas, se levar a sério, seguir em frente com coragem e fazer de suas vidas algo melhor e mais significativo. Isso lhes dará mais força pessoal e as ajudará a avançar na carreira, fazendo com que se sintam mais importantes. Isso vai mudar seus relacionamentos e terá muito mais impacto sobre seus maridos do que mil reclamações. Também vai curar seus filhos.

Em última análise, as mulheres não têm outra escolha além de recuperar a confiança em si mesmas. Quando elas finalmente acreditarem no que dizem seus corações, seus instintos e seus corpos, também poderão começar a confiar nos homens e ensiná-los quanto o poder feminino é importante e precioso. Sem a sua energia terna e nutritiva, a vida acaba. Hoje nossos relacionamentos, nossa economia, nossas religiões, nosso planeta e nossos homens estão carentes do poder feminino, que é forte e, ao mesmo tempo, dócil. Quanto as mulheres confiam em seus sentimentos? Quantas vezes elas seguem seus corações? E quantas vezes lutam por aquilo em que acreditam?

7
Três sempre é demais

A rotina do relacionamento, a monotonia do casamento, as bodas de prata chegando... Tudo é pesado, desinteressante, tedioso, sem vida. Conhecemos cada movimento do nosso parceiro, sabemos de antemão como aquelas conversas cada vez mais raras vão se desenrolar. Sequer propomos novos assuntos, porque já ouvimos respostas insatisfatórias demais. Sentimos e ouvimos críticas a nós e a nossos comportamentos. Nós nos sentimos cerceados e ignorados. Já tentamos nos aproximar dos nossos parceiros várias vezes, mas sempre há um muro invisível nos separando deles. Quisemos nos conectar, mas, com distanciamento e seu silêncio, eles não nos deram chance, ou nos rejeitaram com julgamentos e exigências.

É claro que também compartilhamos alguns bons momentos, como parte da rotina. Muitas coisas funcionam no piloto automático e temos certeza de que concordamos em assuntos importantes. Às vezes somos cobertos pela lembrança das primeiras semanas juntos ou sorrimos com um toque sensual inesperado. Então nos damos conta do tedioso aqui e agora e sonhamos com encontros excitantes e imprevisíveis. Precisamos manter as coisas funcionando, então enterramos os sonhos novamente no fundo do *iceberg* e procuramos algo interessante na TV.

E então, aparentemente do nada, um estranho aparece em nossas vidas e nos sentimos renovados. Todas as nossas barreiras parecem se quebrar e ficamos prontos para a aventura. Enfim podemos viver e amar de novo.

Não conseguimos tomar decisões, não conseguimos planejar o futuro e definitivamente não conseguimos nos dar conta dos efeitos que isso traz à nossa vida cotidiana. Esperamos com ansiedade o próximo telefonema, o próximo encontro, a próxima carícia. O amante funciona como a insulina para um diabético. Se não tomamos nossa dose regular, nossa vitalidade cai. Sem ela, afundamos novamente na insuportável rotina diária. Parece uma volta à prisão, aquela prisão doméstica onde nos perguntamos: "É só isso?"

O amante secreto como solução para todos os problemas

Ao ter um caso, mais uma vez recuperamos a esperança e os objetivos. Agora temos algo que é muito mais empolgante que o velho dia a dia familiar. Vivemos um pico de incerteza, de novidade, do proibido. O risco nos dá uma descarga de adrenalina, nosso coração dispara, sentimos suas batidas no corpo todo. O amor é racionado, limitado, proibido e secreto. Cada palavra, cada encontro, cada toque é precioso e raro, especial, arriscado, ilícito e perigoso. A cada palavra, a cada encontro e a cada toque temos que ser discretos como um ladrão de bancos passando pela segurança e pelos alarmes. Queremos saborear cada um desses momentos preciosos e ao mesmo tempo temos que mantê-los em segredo. Só conseguimos um alívio limitado com um bom amigo ou confidente leal. Além disso, nossa felicidade tem que explodir em silêncio. De forma alguma ela pode ser descarregada no mundo exterior, pois lá fora estão nosso parceiro, nossos filhos, nossa família — e mais que tudo, nossa culpa.

Um dia também tivemos esperanças em nossos casamentos, mas onde elas estão agora? O lar é um lugar de tarefas obrigatórias, hábitos seguros, derrotas tristes e um conformismo amargo. Estamos de saco cheio disso tudo há muito tempo, mas, agora que podemos satisfazer nossas necessidades em outro lugar, nos sentimos traidores dentro de casa.

As dinâmicas a seguir são em geral inconscientes, mas acontecem sempre que traímos nosso parceiro. No mundo exterior, nos entregamos a nossos amantes e vivemos entusiasmados e cheios de energia com eles, ao mesmo tempo em que nos sentimos culpados em casa. Nosso parceiro está inocentemente lá, cuidando da integridade e da proximidade da família. Quando um amante entra em nossa vida, ela automaticamente se divide em dois mundos que parecem incompatíveis. De forma instintiva, sabemos que ambos têm seu lugar em nossas vidas, que de algum modo eles se completam, mas não fazemos a menor ideia de como eles podem entrar em harmonia. Não somos justos com ninguém — conosco, com o amante ou com o parceiro.

Primeiro a diversão, depois a culpa

Triângulos amorosos são *determinados* pelas fronteiras incertas. Há um contínuo turbilhão de "achismos", esperanças, medos e desejos — e ninguém sabe ao certo onde está. Ao mergulhar fundo nessa dinâmica, encontramos uma certa incapacidade de se conectar com os outros e medo da intimidade em todos os envolvidos.

Para cada personagem do triângulo, é como se os outros o estivessem empurrando para um abismo. Geralmente ele é incapaz de tomar decisões porque cada um dos seus parceiros parece ter apenas metade do que deseja. Assim, as pessoas pendem de um lado para outro, analisando as vantagens e desvantagens de ficar com um ou com outro parceiro, e secretamente sonham em ficar com os dois. Se tomam uma decisão, sempre ficam com a sensação de ter perdido algo. Mas se ficam estagnados nesse jogo entre os parceiros, se sentem presos e vão definhando lentamente.

O amante sempre deseja um pouco da posição confortável e segura daquele que é traído. Acima de tudo, o amante luta com a desconfiança em relação àquele parceiro que é tão desejável, mas tão comprometido. Ele realmente pode confiar em alguém que está traindo outra pessoa? Ele também está lutando com a culpa por arruinar uma relação. Mesmo se a pessoa que está no meio disso tudo acabar escolhendo-o, como vai conseguir construir um relacionamento feliz a partir das ruínas daquele que destruiu?

O papel da pessoa traída nesse triângulo é o mais difícil. O que quer que esteja acontecendo às suas costas, refletirá algo de sua própria dinâmica emocional, não importa quanto rejeite essa ideia. Mesmo que lhe pareça inconcebível, ela também está abandonando a relação. Muitas vezes, quando o parceiro vai embora, a parte traída já deixou de estar disponível há muito tempo. Nenhum dos dois estava firmemente ancorado no relacionamento e nunca foi capaz de se comprometer de coração.

A pessoa traída sempre desiste primeiro

Quando um dos parceiros vai embora, é porque o outro já foi há muito tempo. Esse é um fato que muitas vezes não queremos aceitar. Preferimos a regra rígida: o que trai é mau, o que é traído é bom. Mas, a meu ver, a pessoa que foi traída muitas vezes traiu a si mesma. Pode ser alguém que não sabe defender a si mesmo nem lutar por aquilo em que acredita. Alguém que espera muito de uma relação. Alguém que prefere não se envolver com o parceiro real, comum, imperfeito. Alguém que frequentemente se sente dependente do parceiro de uma forma ou de outra, mas não ousa enfrentar essa dependência e admitir suas fraquezas, seguir corajosamente sua verdade e confiar na própria força.

E aquele que trai? Muitas vezes as pessoas que arranjam amantes dizem: "Finalmente me senti aceito. Finalmente consegui relaxar. Eu não tive que corresponder o tempo inteiro às expectativas de outra pessoa."

Triângulos amorosos quase sempre se desenvolvem quando nos afastamos emocionalmente dos nossos parceiros e da pressão clara ou implícita, das nossas próprias inibições, do nosso sentimento de inferioridade e das emoções profundas; quando não estamos realmente prontos e não queremos nos comprometer, e quando não estamos preparados para trabalhar por nossa própria cura. É nessas relações extraconjugais que expressamos nosso medo de uma conexão de verdade. É raro quando o terceiro elemento surge do nada — em geral isso ocorre numa fase em que estamos frios e silenciosos com nossos parceiros ou envolvidos em constantes disputas de poder.

Nos casos amorosos, nos sentimos livres, vivos, inspirados e entusiasmados, mas ao mesmo tempo desanimados e desapontados. "Meu parceiro não era muito empolgado... Eu senti tanta falta disso por tanto tempo..." A última frase é verdadeira. Mas a primeira, não. Não era seu parceiro que não era entusiasmado, mas a sua relação — ao menos faltava a ela liberdade, empolgação e inspiração. Sim, *sentimos* falta disso. Mas por isso não nos permitimos sentir essas coisas por muito tempo. Fizemos tudo da forma mais segura, engolimos nossas palavras, embotamos nossos sentimentos, reprimimos nossas emoções, desistimos, desanimamos e deixamos a relação cair na rotina. E agora aparece um estranho e acreditamos que ele trouxe todas aquelas coisas maravilhosas e que é o responsável por elas. Na realidade, simplesmente nos envolvemos de novo, voltamos a ser espontâneos e capazes de nos arriscar. E é por isso que vivemos com um estranho algo que não nos permitimos viver em nosso casamento.

Quando o terceiro elemento aparece, já está mais do que na hora... não de decidir entre o parceiro ou o amante, mas de encarar a verdade. Procure seu parceiro, sente a seu lado e se explique. Imagine um texto com algumas lacunas faltando:

Quando você pensar no/na (nome do seu amante), sinta-se grato/a por tudo o que descobriu com ele/a. Analise todos esses sentimentos o mais de perto que puder. Então substitua o nome de seu/sua amante por (seu desejo) ou (suas partes que deixou de lado). Fale com seu parceiro de forma honesta e aberta sobre seus desejos e as coisas que deixou de lado, seus sentimentos e seus sonhos.

Isso provavelmente vai pedir tanta coragem quanto se jogar de um precipício — mas se você acreditar em si e revelar todos os seus desejos, sonhos e fantasias, ficará impressionado com quanta intimidade, vitalidade e liberdade surgem de repente depois desse mergulho no medo e na dor.

Nos triângulos amorosos todos têm medo de intimidade

O dilema do triângulo amoroso sempre pede uma declaração corajosa e sincera. Ele sempre envolve três pessoas que evitam dar o próximo passo em direção ao crescimento e à cura. Os três (!!!) envolvidos estão realmente sendo chamados a enfrentar, sozinhos, seu medo de compromisso e de proximidade.

O terceiro lado do triângulo representa tudo o que a parte traída não consegue expressar. As pessoas traídas, é claro, não querem nem saber que a terceira parte "malvada" dessa história pode ter a ver com elas. Elas não querem falar com o rival, não querem discutir com ele nem enfrentá-lo — só querem que vá embora. Mas essa outra pessoa tem algo que lhes falta — quer elas queiram ver isso ou não. É por isso que eu sempre encorajo a parte traída a entrar num sincero diálogo emocional com o terceiro elemento — que por sua vez não possui aquilo que a parte traída incorpora. Em geral os dois estão completamente desequilibrados, mas em direções opostas.

Quando um amante surge em sua vida, você diz: "Essa pessoa é tão especial, tão inspiradora, tão libertadora e única que me faz sentir vivo." Você não reconhece que são circunstâncias especiais que fazem com que você se sinta vivo. A única coisa especial, única e inspiradora é que com o amante — ao menos no começo — você está vivendo o momento, sem a bagagem das velhas memórias, más experiências e exigências enraizadas. Quando falamos sobre os estados mais elevados do ser humano, até o sério caminho espiritual termina no aqui e agora, na iluminação do momento presente.

Raramente estamos ligados no presente na nossa vida corriqueira, no nosso ambiente e na nossa relação familiares. Evitamos tudo o que um dia possamos ter vivenciado como ruim ou doloroso. Sonhamos com todas as coisas que almejamos conquistar, porque é aí que está a felicidade. Temos todo tipo de ideias sobre como as coisas devem ser. O resultado é que planejamos nosso relacionamento até a morte e controlamos tudo o que poderia ser espontâneo. Paralisamos um ao outro com nossos medos e exigências até nos sentirmos seguros, mas aí também nos afastamos de toda a naturalidade. Não vivemos mais com a pessoa ao nosso lado, mas com a imagem dessa pessoa. O problema é que essa imagem não é justa.

O casamento pesado e o amante leve

Restabelecer um relacionamento verdadeiro com nosso parceiro funciona exatamente da mesma forma que sonhar e acordar.

O dr. Spezzano desenvolveu uma receita quase mágica para triângulos amorosos e conquistadores incuráveis. Antes de começar a trabalhar com casais, o especialista teve uma vida amorosa bastante agitada. Ele trocava de parceira com cada vez mais frequência até perceber que isso não o levava a lugar nenhum. Nenhuma das novas parceiras parecia ser a pessoa certa, e o encanto da novidade acabava cada vez mais rápido. Os relacionamentos novos e antigos pareciam se sobrepor. No fim das contas, ele descobriu que cada nova mulher incorporava características que a anterior não tinha. Quando ele começava a lamentar a falta dessas características, elas pareciam surgir em sua vida — mas na forma de outra mulher.

Naquela época, o dr. Spezzano não só se comportava como um conquistador barato, mas também pesquisava a consciência humana e o poder da mente. Ele tentou então uma nova estratégia, com resultados impressionantes. Ele ainda voltava a atenção para o que estava faltando em seu relacionamento, mas daquela vez procurou acreditar que isso poderia ser encontrado *na própria* relação que vivia. Em vez de fugir, aproximou-se da mulher a seu lado e se focou no fato de que, na verdade, tudo o que lhe faltava estava ali mesmo. Foi recompensado com uma espécie de milagre e transformou essa experiência numa importante estratégia de cura para relacionamentos. É simples: direcione todo o seu amor, toda a sua atenção e curiosidade para seu parceiro. Comprometa-se com ele do fundo do coração e, durante duas semanas, concentre-se nas características que você deseja. Acredite que vai encontrá-las no seu parceiro e que ele irá desenvolvê-las.

Nos triângulos amorosos, cada um dos envolvidos pode colocar em funcionamento esse processo de cura extremamente necessário. Cada um pode começar a se comprometer novamente com sua própria verdade e defendê-la de forma aberta e corajosa. Nesse caso, até alguém que está sendo enganado e não sabe terá um sinal de que há algo de errado em seu relacionamento. Mas aquele que está no meio tem o trunfo nas mãos e, assim, pode levar todo mundo adiante de uma só vez. Se essa pessoa conseguir revelar ao parceiro que há um terceiro na relação, esse passo muito prático poderá ajudar muito.

Na maioria dos casos, a confissão abre espaço para conversas que deveriam ter ocorrido anos atrás. Muitas vezes é liberada uma grande carga de sentimentos dolorosos e reprimidos que ninguém admitiria antes. A pessoa pode se recusar a dizer quem é o amante. Nesse caso, também prego que toda a verdade deve ser revelada. Os envolvidos só podem seguir em frente com todas as cartas na mesa. Se o amante é mantido em segredo, cada um vai defender seu lugar na relação com todas as forças. Por isso, o maior desafio ao se curar um triângulo amoroso é soltar, admitir, confessar e declarar. Por essa razão, a pergunta "Qual dos dois é melhor pra mim?" nos distancia da verdadeira tarefa, que é chegar à seguinte afirmação: "Agora estou finalmente aprendendo a tomar decisões e a me comprometer por completo com essa pessoa."

Independência — pior que dependência

Pare de ser independente. Você quer saber o que é pior do que ser dependente? Ser independente, porque é uma constante tentativa de não ser dependente. Comprometa-se completamente com seu parceiro.

Porém, "compromisso" não significa uma fidelidade sem vida, que só existe como um dever. Talvez vocês estejam juntos pelo que parece ser uma eternidade, mas não ousam dizer o que estão sentindo de verdade. O terrível é que cada palavra não dita, cada sentimento não expresso vai construir um muro entre você e seu parceiro e impedir uma intimidade mais profunda. É por isso que vocês jogam com o poder sem admitir, é por isso que lutam por aprovação e atenção. E, provavelmente de forma inconsciente, é por isso que competem um com o outro. Você quer ser melhor que seu parceiro para que ele não possa machucá-lo. Seja corajoso e admita sua dependência e seu medo. Só assim seu relacionamento pode ser curado e transformado.

8
Separação — A solução é adiada

Poucas vezes desistimos de um relacionamento porque não nos importamos com nosso parceiro. Em geral vamos embora — principalmente quando não é a primeira vez — porque desistimos. Porque não sabemos como encontrar a solução para algo que achamos insuportável. Muitas vezes passamos pela mesma sequência sofrida de acontecimentos, sem a menor esperança de mudança ou de uma resolução. Nossa relação murchou e se transformou em um campo de batalha. No fim, achamos que manter distância é a única forma de evitar que nos sintamos machucados e sufocados de novo.

A separação parece a salvação. Finalmente podemos respirar com liberdade de novo. Finalmente há paz. O círculo vicioso foi rompido. A dor diminui. A separação é como naufragar e depois acordar em uma ilha perdida no meio do oceano. Pelo menos temos terra firme sob nossos pés. Mas, então, após alguns momentos de descanso, quando nossas feridas se fecham e recuperamos nossas forças, olhamos ao redor e, se formos sinceros, temos que admitir que estamos presos em uma ilha. Às vezes há duas pessoas presas ali: nós e o amante que aparentemente foi o motivo da separação. Às vezes somos resgatados logo por um novo amor que conhecemos na ilha. Mas quando queremos voltar ao continente — para nossos filhos, nossas famílias, nossos velhos amigos e nosso dia a dia —, o oceano de velhos padrões e hábitos se abre à nossa frente, e só nos resta cruzá-lo.

A separação como oportunidade

A separação não é a solução para nossos problemas. No fim das contas, teremos que voltar ao ponto em que nossa relação ficou estagnada para podermos examiná-la conscientemente e transformar o papel que desempenhamos nela. Se a separação parece a única saída, pelo menos devemos utilizá-la em nosso caminho para o crescimento e a cura pessoais. Se a olharmos mais de perto, podemos reconhecer as duas maiores oportunidades que ela oferece.

A primeira é que dar um passo tão radical pode nos forçar a fazer coisas que não ousaríamos fazer antes ou que não nos permitíamos fazer. Se o fizermos conscientemente, podemos crescer e desenvolver habilidades e qualidades completamente novas.

A separação também pode oferecer espaço e tempo para a recuperação. Ao nos distanciarmos e sermos apenas nós mesmos por um tempo, sem outra pessoa, podemos curar nossas feridas, e nossos corações podem encontrar a paz novamente. Quando recuperamos nossas forças, todas as velhas tarefas e oportunidades de desenvolvimento ainda estarão ali, esperando que nós as utilizemos em nosso caminho para o crescimento.

Analisando de perto, a separação sempre surge em nossas vidas para nos ajudar quando não conseguimos expandir nossas qualidades e habilidades por conta própria. Isso ocorre quando não acreditamos mais em encontrar uma solução enquanto casal. Isso ocorre quando perdemos a esperança e não nos sentimos capazes de reacender nosso relacionamento. Se chegamos a tal beco sem saída, onde nossas dores parecem insuportáveis e a paralisia insuperável, temos que trabalhar para uma separação consciente e apaixonada — uma separação do coração.

Uma separação do coração significa utilizar conscientemente a distância entre nós e o parceiro para nos tornarmos mais fortes e aprendermos a aceitar o outro dessa posição segura e privilegiada. Pode parecer estranho, mas só conseguimos crescer e nos livrar do ressentimento quando fazemos as pazes com nossos ex-parceiros. Eles nos mostraram nossas marcas dolorosas. Eles podem ter aprofundado nossas feridas, mas não as causaram. Em muitos casos, a separação, como eu disse antes, nos dá a disciplina necessária para dar passos que deveríamos ter dado durante o relacionamento, mas não demos. Mãezonas separadas logo se tornam mulheres confiantes. Pais e maridos ausentes, quando separados, são forçados a se virar sozinhos e desafiados todo fim de semana a serem pais mais responsáveis e carinhosos. Dessa forma, somos forçados a olhar para nossas limitações com sinceridade e a crescer, embora só possamos aprender isso olhando para trás.

A única mensagem deste capítulo vem direto do meu coração: como todos os outros aspectos de um relacionamento, a separação também diz respeito, essencialmente, a uma só coisa — aprender a amar. Este é o grande desafio do nosso amor. Depois de superá-lo, não esperamos do nosso ex-parceiro mais do que ele pode dar. Conseguiremos perdoá-lo só até o ponto em que entendemos seu comportamento. E só seremos livres de verdade para construir uma nova relação se tivermos feito as pazes e abrirmos nosso coração para ele de novo. Além disso, só se conseguirmos nos soltar de nossos ex-parceiros com verdadeiro amor é que nossos filhos poderão encontrar paz e estabilidade, e crescer ligados à sua completude masculina ou feminina. (Leia mais sobre o impacto da separação no desenvolvimento das crianças no Capítulo 14, "Filhos do amor".)

Libertando-se

"Ame seu ex-parceiro para conseguir se soltar dele." Poucas vezes uma frase minha despertou tanta rejeição e protestos quanto essa. Talvez você também a recuse. Porém, só há uma forma de encontrar paz e ao mesmo tempo romper uma ligação externa. O primeiro passo é aceitar a separação. Se você quer mesmo se libertar do velho relacionamento, precisa ficar em paz com ele. E só há uma forma de encontrar a verdadeira paz. No final, você vai ter uma única escolha: aceitar totalmente seu antigo parceiro.

Não quero que você se sinta preso ao velho relacionamento custe o que custar. Não significa que você tenha que ficar com seu ex-parceiro. Não quer dizer que vocês tenham que ficar juntos a qualquer preço.

Este capítulo não é sobre deveres, modelos, promessas e a obrigação de ficar junto. É sobre amar — até mesmo quando não estamos mais com nosso parceiro. E só seremos realmente livres para construir uma nova relação se tivermos feito as pazes com ele e abrirmos nosso coração para ele de novo. Talvez você esteja pensando: "Por que eu deveria amar essa pessoa que tornou minha vida tão difícil?" Não estou dizendo que você tem que achar seu ex maravilhoso. Amar alguém não significa estar apaixonado. Não significa ter que ficar junto. Não significa se adaptar. Não significa sorrir quando você quer chorar. O amor é o contrário da dependência. O amor é livre — não precisa de ninguém, ele só quer amar. E amar significa aceitar as coisas como elas são.

Aprendendo a amar e a deixar para trás

Estamos constantemente sendo obrigados a ajeitar as coisas para os outros, a agir de acordo com eles e a nos adaptarmos para sermos aceitos e amados. Quando projetamos tudo isso no nosso parceiro e pedimos a ele para fazer isso ou aquilo, para ser "assim ou assado", pois só então poderíamos amá-los, então não é amor. É controle e dependência de certo comportamento. Mais do que tudo, isso significa, no fundo, que *nós* precisamos de alguma coisa, que falta algo a *nós* para sermos felizes, seguros e livres, e que só nosso parceiro pode proporcionar essas coisas.

Esse desejo de um salvador, de alguém que nos dê o que precisamos, é de fato uma lembrança da nossa infância, quando somos mais fracos e mais indefesos. Nessa época, quando lidamos com adultos, temos a dolorosa noção de nossa inferioridade e impotência. Também vivemos a rejeição e a condenação do nosso comportamento. Agora, somos adultos fisicamente, mas ainda tentamos ser legais e amigáveis para manter longe as coisas ruins. Ainda procuramos ao redor algum tipo de poder curativo capaz de fechar nossas velhas feridas. Ainda carregamos o velho medo de entrar em crise diante do comportamento sem amor, da irresponsabilidade e da fraqueza dos outros. É por isso que exigimos que eles se comportem de determinada maneira — para não reabrir as velhas cicatrizes. Se eles não cumprem essas exigências, se são incapazes de amenizar essa dor que sempre aparece, inconscientemente voltamos a nos sentir como crianças impotentes e nos convencemos de que há uma única saída. Temos que deixar nosso parceiro, temos que nos separar, temos que nos divorciar para recuperar nosso poder.

A maioria das pessoas capazes de estabelecer uma ligação vibrante e duradoura aprendeu a se comportar independentemente de se sentir amada ou não. Elas aprenderam a separar do amor os padrões de comportamento dos outros e sua própria necessidade de atenção. O amor não aparece porque somos legais e amigáveis. E ele não floresce quando os outros fazem de tudo só para nos agradar.

O que você realmente precisa para ser feliz é disciplina e desejo de desenvolvimento, crescimento e abertura. O que você realmente precisa para se sentir realizado é coragem e persistência para aguentar a infelicidade, a solidão e o sofrimento que acompanham esse processo de crescimento interior. Isso é amor. O amor permite que você utilize todo o seu potencial. Esse amor permite que você sinta compaixão pelas limitações dos outros. Esse amor cura e liberta você — de todas as feridas abertas de épocas anteriores, da dependência, do ressentimento, da amargura e da eterna busca por atenção. O único objetivo real do amor é o crescimento espiritual. A separação oferece uma grande oportunidade para desenvolver isso.

"Até que a morte nos separe." Nestes tempos de mudanças, em que a sociedade está sempre impondo novas necessidades e a natureza muda cada vez mais, essa frase pode parecer ameaçadora. Uma ligação para toda a vida com uma só pessoa? É difícil imaginar isso. Ainda assim, é algo que todos estamos procurando. Nosso ser mais profundo procura uma intimidade estável, intensa e duradoura. Ao mesmo tempo, procura liberdade para crescer e se desenvolver por completo. Isso é um paradoxo. A aceitação da nossa individualidade é a única base sobre a qual um relacionamento pode crescer. A aceitação de uma ligação profunda e contínua, especialmente quando queremos nos livrar dela, nos torna livres para uma separação amorosa. Uma separação do coração — aprender a amar seu ex para poder realmente se desligar dele.

Parte II
A volta ao amor

9
O amor verdadeiro — ou aquilo que tem a ver com Deus

Talvez você tenha lido este livro até aqui e agora sinta qualquer coisa, menos otimismo quanto ao seu relacionamento. Talvez você tenha lido os últimos capítulos porque se sentiu na obrigação, sem se entusiasmar de fato, de aturar as incontáveis tentativas de fazer com que você se sinta agradecido por todas as características do seu parceiro que são deprimentes e sugam suas energias. Talvez as também frequentes advertências de que seu sucesso na vida só depende de você simplesmente tenham lhe dado vontade de desistir.

Tudo o que escrevi sobre relacionamentos até agora pode parecer um beco sem saída. Há tantas coisas dolorosas no passado que dificilmente identificaremos todas elas. Como ninguém parece estar se saindo melhor, é melhor parar de esperar um príncipe ou uma princesa aparecer. Só podemos ter certeza de que todos carregamos muitas feridas, de que pouco conhecemos nosso parceiro, de que todos temos algum medo de compromisso e de que a felicidade total é uma miragem.

Você se lembra das primeiras palavras deste livro? "Eu sei que pode dar certo. Eu sei que o seu relacionamento pode ser do jeito que você quer." Ainda acredito nisso. Pode dar certo. É claro que pode. Provavelmente não do jeito que você imaginava. Para isso, é necessária uma mudança radical na sua visão de mundo — o que significa um enorme salto.

Aquilo que tem a ver com Deus

Sabe aquilo que tem a ver com Deus? Não posso escondê-lo de você, mesmo sabendo, por meio de muitas conversas com pacientes, que esse assunto é confuso e carregado de medos e vergonha. Na nossa sociedade, fé, oração e Deus parecem ser tabus para muitas pessoas. Parece perigoso demais arriscar sair do seu lugar seguro para adentrar o reino do indefinido, do desconhecido, daquilo que não foi provado cientificamente. Mas você pode pelo menos tentar...

Não importa quanto eu tenha lutado contra isso no começo, na minha busca por realização eu sempre encontrava Deus. No entanto, percebi que era algo mais consistente do que aquele homem com uma longa barba branca das minhas crenças de infância. Para mim, Deus não está ligado a nenhuma religião específica, e não vou necessariamente encontrá-lo na igreja em vez de no cabeleireiro. Mas o poder que Ele representa é a resposta para todas as questões dos relacionamentos.

Cheguei à conclusão de que, quando realmente queremos aproveitar um relacionamento sincero e realizador, devemos mergulhar no que temos de mais profundo, na nossa essência. Lá, bem no fundo, todos somos seres espirituais, em última análise, apesar de a sociedade insistir em nos chamar de consumidores acima de tudo. Olhando para as pessoas que me procuram e para a sociedade como um todo, acredito que nossa evolução pessoal e coletiva está inevitavelmente caminhando para a percepção dessa ideia, apesar — ou até por causa — do excesso de informação e comunicação.

Meus pacientes me ensinaram que a fé é a maior cura de todas. A maioria das pessoas que me procuram estão entre os 35 e os 45 anos — pessoas no auge da vida. Um número cada vez menor delas encontra realização no conceito "normal" de vida, baseado em coisas exteriores. A maioria dos meus pacientes teve uma boa educação, anos de desenvolvimento pessoal, uma carreira e muito sucesso. Muitos conquistaram várias coisas, mas não encontraram o que procuravam — um sentido e realização.

Quando escapam do beco sem saída e encontram-se comigo — muitas vezes sem querer —, essas pessoas geralmente sentem um medo inexplicável que as toma por inteiro. Elas estão angustiadas porque não encontraram um sentido verdadeiro para suas vidas. Sentem-se impotentes porque nada do que conquistaram ou adquiriram lhes proporcionou uma verdadeira felicidade. Nada lhes fez acreditar no próprio valor. Na realidade, ocorreu o oposto — muitos dizem se sentir o tempo todo sob pressão, eternamente coagidos e incapazes de se envolver com algo ou encontrar paz em algum lugar. Tudo parece mudar o tempo inteiro, e o pior: mais e mais exigências são feitas sem parar.

Vencer é uma besteira

Depois de muitas dificuldades, conseguimos subir mais um degrau na carreira e o próximo já está lá nos esperando. Mal completamos a maratona e já queremos bater nosso recorde. Quando o software mais recente é instalado em nossos computadores, já existem novas atualizações por fazer. Quando morremos de fome para vestir uma calça 40, encontramos uma amiga que usa 38. Atingimos um nível de gerência, mas ainda não somos diretores da empresa. Finalmente conseguimos vários bens materiais, mas começamos a nos preocupar com a possibilidade de perdê-los.

Muitas pessoas se sentem completamente acabadas com essa caçada pela realização, com essa impressão de estarem sendo guiadas, sempre tendo que fazer algo para ser alguém ou conseguir alguma coisa. Se deixamos a religião entrar outra vez em nossas vidas, tudo fica mais fácil. Assim, não temos que fazer tudo sozinhos. Também não temos que sobrecarregar nosso parceiro com nossas necessidades. Não importa se acreditamos em uma religião em particular ou se assumimos uma conexão divina, completa, pacífica e espiritual como o centro da nossa existência, podemos nos apoiar no fato de que há algo além de nós, de que estamos conectados a um poder e a uma força maiores, de que algo está ao nosso redor e nos guia, e de que há algo que se doa para nós. Esse conceito nos traz alívio imediato e tira um grande peso dos ombros do nosso parceiro.

Se esperamos receber tudo do nosso amante, devemos nos voltar para a fé. A melhor coisa de que a religião é capaz é nos reconectar ao amor — e assim, a Deus. Deus não é um conceito abstrato, mas uma presença amorosa. Se acreditamos em Deus, estamos ligados a uma força amorosa que nos abraça. O conceito de Deus engloba tudo. Deus é o amor universal. Se estamos unidos a Deus, somos parte de uma universalidade maior. Se estamos conectados à presença divina pela religião ou pela espiritualidade, nossa essência recebe amor constantemente, e podemos então passar isso adiante e dar aos outros.

Se nos permitimos nos abrir para esse conceito — mesmo se tivermos dúvidas e analisarmos racionalmente, a princípio —, ele pode revolucionar a ideia que temos de nós mesmos, nossos relacionamentos e nossas vidas. Ao procurarmos esse amor universal, começamos a olhar para nós mesmos e a ser mais gentis conosco. Queremos entender a nós mesmos. Nos tornamos mais atentos e conscientes dos desejos e sonhos do nosso coração. Levamos nossas próprias necessidades mais a sério. Não temos mais que correr de um lado para o outro, numa busca incessante por alguma coisa ou alguém que nos dê algo para preencher nosso vazio doloroso. Aprendemos a nos aceitar, e, passo a passo, voltar a nós, mergulhar no nosso ser mais profundo e dar aos outros, só porque gostamos disso. Podemos relaxar com o que somos. Podemos nos tornar autênticos.

Nós não temos que fazer nada

Preste atenção na sua respiração. Ela está fluindo. Esteja você alerta ou não, ela está fluindo. O tempo todo. Ela está movimentando o seu corpo, abrindo e fechando. Está nutrindo você. Está mantendo você vivo. Tente pará-la. Só vai conseguir por pouco tempo. Então o ar vai penetrar ainda mais fundo em seus pulmões.

Respirar é uma atividade tão normal que dificilmente nos damos conta dela, mas é um dos grandes mistérios da vida. Respirar *é* vida. Ao meu ver, é nossa conexão divina. Porém, para estarmos conscientes dessa fonte constante de vida e movimento em nossos corpos, para reconhecermos sua verdadeira presença divina, temos que nos permitir um momento de contemplação silenciosa.

Se nos permitirmos sentir esse silêncio, vamos sentir a criatura amorosa que somos lá no fundo. Se alimentarmos essa verdade por um tempo, ela também será óbvia no restante de nossas vidas. Quando estamos mais em paz com nós mesmos e começamos a sentir nossa própria autoridade, podemos nos livrar dos nossos papéis, nossos vícios e das exigências da sociedade. Podemos lentamente nos tornar mais autênticos. Podemos nos permitir ser quem somos. Podemos nos permitir expressar o que sentimos. Podemos confiar na riqueza da vida e responder aos chamados verdadeiros.

Se no momento você não acredita em nenhum Deus nesse mundo, se você acha que não existe nada disso que acabei de descrever, se você receia que sua vida possa não se desenvolver desse jeito, mas, do fundo do coração, você quer a sensação de pertencimento e de se sentir vivo, tudo o que tem a fazer é dizer "sim" para si mesmo. Garanto que, se você fizer isso, sua vida vai mudar e seu relacionamento vai se curar. Talvez isso aconteça de uma forma óbvia e radical, talvez de modo suave e imperceptível, mas pode ter certeza de que nada será como antes.

Tudo o que acontece conosco, tudo o que nos toca, tudo o que encontramos é exatamente o que precisamos na nossa jornada. Não importa como seja sua vida no momento, ela é o melhor que pode ser para o seu crescimento. Ela foi feita sob medida para você. Não sei quantas vezes ouvi alguém dizer, depois do processo profundo e doloroso de superar os obstáculos de um relacionamento: "Se ele não tivesse me traído, eu nunca teria aprendido" ou "Se ela não tivesse me dispensado, eu nunca teria acordado". Nos momentos de crise, tudo parece dar errado, mas, olhando para trás, essas feridas profundas foram a melhor coisa que poderia nos ter acontecido.

Cada jornada é única. Nunca é a mesma para duas pessoas. Cada um enfrenta seus próprios desafios e obstáculos no caminho, e paradoxalmente são eles que nos apontam a direção certa. Cada vez que vencemos um vício, desafiamos um medo, curamos uma doença, superamos uma crise, sobrevivemos a um acidente e perdoamos nosso parceiro e nossos pais, logo ganhamos uma nova força. Nenhuma autoridade, nenhum líder pode nos mostrar como fazer isso ou nos dar essa força. Se estamos mesmo tentando ser pessoas realizadas, temos que confiar na nossa própria liderança. Precisamos desses obstáculos e impedimentos para perceber que temos os recursos necessários para superá-los. Temos que aprender que somos mais poderosos do que o medo nos fez acreditar. Temos que descobrir que milagres podem acontecer e que é em situações absolutamente desoladoras que o universo vem em nosso socorro. Temos que saber que nossas preces estão sendo ouvidas.

Deus não é um velhinho de barba branca

Mesmo quando não queremos ver Deus, Ele pode aparecer para a gente. Eu mesma nunca quis me envolver com Deus. É por isso que levou muito tempo e alguns eventos dramáticos tiveram que acontecer para que eu O reconhecesse pelo que Ele realmente é. Antes disso, consegui vê-Lo de relance várias vezes. Todas elas envolveram um confronto com a morte. Uma vez, me vi no meio de um tiroteio na África do Sul, e uma bala só não me atingiu porque um total desconhecido me empurrou para baixo de um carro e me salvou. Também sobrevivi milagrosamente a três acidentes de carro. Todas as vezes eu tive certeza de que ia morrer, mas saía me arrastando das ferragens alguns minutos depois. Todas as vezes vivi o mesmo fenômeno. Quando achei que tudo estava acabado, por um breve momento fui inundada por uma sensação de paz inacreditável. Então, logo que eu percebia que ia sair viva, essa sensação desaparecia e era substituída por uma grande ansiedade.

Foi necessária mais uma séria crise antes que os primeiros sinais de que havia uma força superior em que valia a pena acreditar se tornassem um sentimento de confiança em que minha vida era protegida por Deus. Devo meu maior e último desafio ao péssimo estado do meu casamento. Foram minha solidão e tristeza no meu relacionamento que me levaram de volta a mim mesma e, assim, em direção a Deus. Não houve nada de espetacular, nenhum grande choque, nenhum encontro repentino com a morte. Foi uma doença lenta que me devorou por dentro, um sentimento silencioso e persistente de que faltava algo na minha vida. Semana após semana, mês após mês, a solidão se estabeleceu dentro de mim e me perturbou por completo. Mas eu não ousava falar sobre isso com as outras pessoas. Eu estava recém-casada e tinha um bebê — eu deveria estar feliz. Mas não estava — na verdade, me sentia horrivelmente infeliz! Então, uma tarde, eu estava no nosso terraço e comecei a rezar. Fiquei bastante chocada quando me ouvi rezando para Deus em voz alta. Pedi ajuda e chorei silenciosamente. Então fui dormir sozinha, porque meu marido estava fora de novo. Mas não me senti tão solitária quanto na noite anterior, e comecei a rezar com mais frequência.

O que minhas orações geraram poderia ocupar umas cem páginas ou mais deste livro. Não vou entrar nesse assunto aqui. No entanto, o que me leva a escrever estas palavras é a esperança e a crença de que as coisas que estou dizendo aqui vão tocar algumas pessoas com profundidade suficiente para inspirá-las a entrar em contato com seu próprio lado espiritual.

Vou lhe contar minha história preferida. Um homem teve um sonho. Ele sonhou que estava caminhando numa praia junto com Deus. No céu, passavam cenas da sua vida. E para cada cena havia pegadas na areia. Quando ele olhava para trás, às vezes ele via dois pares de pegadas, às vezes apenas um. Ele percebeu que havia apenas um par nas fases de carência e sofrimento. Então disse a Deus: "Senhor, percebi que nas épocas tristes da minha vida só havia um par de pegadas no caminho. Mas o Senhor prometeu que sempre estaria comigo. Não entendo por que me deixou sozinho quando eu mais precisava do Senhor."

E Deus respondeu: "Meu caro amigo, eu o amo e nunca o abandonaria. Nos dias em que você mais sofreu e mais precisou de mim, onde há apenas um par de pegadas, eu o carreguei."

10
Sinceramente, há mentiras no seu casamento

Agora, como você pode encontrar esse caminho para a realização na vida diária? Como você pode ser realmente você mesmo e redescobrir a presença universal e amorosa de Deus em si? Como a sua vida pode se reacender? Como o sapo ao seu lado pode se tornar um príncipe ou princesa? Como seu casamento pode voltar a ser uma aventura?

Apenas pare — exatamente onde você está. Você não tem que fazer nada, você não tem que mudar nada — apenas fique no aqui e agora. Sente-se e olhe para tudo ao seu redor como se nunca tivesse visto nada daquilo antes. Tenha a curiosidade de um estranho que não faz a menor ideia de como seja a sua vida. A parte mais difícil é ser sincero. Isso não tem nada a ver com concepções, abordagens, ideias e imagens da sua vida — tem a ver com o que você *realmente* sente.

E então: como é a sua vida? Você não está lá muito entusiasmado com ela? Acha sua esposa chata? Tem medo de que seu marido esteja tendo um caso? Deseja seu amante quando está junto da sua família? Alguém faz ideia de quanto você está solitário? Às vezes você pensa: "Se eles soubessem..."? Você está cumprindo seus deveres, inclusive os conjugais, no piloto automático? Faz todo tipo de atividade agitada como um mecanismo de fuga? Você se distancia emocionalmente e apenas segue a maré? Você é a melhor pessoa e a mais bem-sucedida no seu meio, mas ainda se sente vazio? Você conquistou quase tudo, mas não vê um sentido em nada disso? Alguém faz ideia de como você se sente?

Mentiras por amor

Essas ações não são ruins — são humanas. O trágico é que tentamos esconder nossos medos interiores de nós mesmos e de todo mundo. Fazemos isso para preservar nossa relação e, é claro, para continuar sendo amados e evitar que nos abandonem. Como temos medo de não sermos amados pelo que somos, usamos uma máscara, mas em troca só recebemos respostas falsas. Com cada papel que assumimos, cada mentira amigável que dizemos, nos tornamos cada vez mais infelizes. Não mostramos como nos sentimos, não dizemos o que pensamos. Tornamos toda a nossa vida uma mentira, e às vezes isso é tão insuportável que queremos nos matar.

Nossas ideias sempre são moldadas por expectativas externas, por nossas famílias, nossas condições, nossas carências e nossa sociedade, mas só nossos corações conhecem nossas reais necessidades. Para expressá-las, temos que abrir mão de boa parte do controle, estabelecer limites firmes e mostrar impotência e fraqueza... Mesmo assim vale a pena. Precisamos entrar em um diálogo sincero e descomprometido com nosso parceiro e com aqueles ao nosso redor, falando sobre nosso coração e nossa verdadeira natureza.

No começo, esse processo nunca é agradável. Uma vez que ousamos começá-lo, saindo de nossa gostosa zona de conforto, geralmente nos sentimos atingidos por uma inundação que destrói tudo — sem ligar para nada.

Os finais vêm antes dos começos

Eu vivi essa inundação. Meu marido ia celebrar um aniversário que seria um marco em sua vida, e dar uma festa era importante para ele. Era para ser um verdadeiro reencontro: ele convidou amigos de todos os cantos. Tudo deveria ser especial para a ocasião — comida gostosa, um ambiente agradável —, mas, no final, essas expectativas exageradas só fizeram com que eu me sentisse mais triste do que já estava.

Quando chegou o dia, ele estava no trabalho e eu na cozinha, ocupada com os preparativos, quando de repente me senti sufocada. Mais uma vez, ele estava fora, como estivera tantas vezes nos últimos meses. Mais uma vez eu estava cuidando sozinha de toda a nossa vida doméstica. Mais uma vez eu tinha que cumprir um belo papel na frente dos seus amigos enquanto ninguém fazia ideia de como eu me sentia. Mais uma vez eu tinha que ser a anfitriã perfeita, enquanto só queria fugir.

Tive que fugir para a cozinha para acalmar o vulcão em erupção dentro de mim. Em dado momento, um amigo entrou e me perguntou: "O que houve?" Então foi como se abrissem um buraco numa represa. Explodi em lágrimas e solucei palavras de que nem tinha consciência: "Eu tenho que me separar! Eu tenho que me separar! Não consigo continuar assim!"

No dia seguinte, eu disse tudo o que tinha para falar — coisas que há muito tempo não tinha coragem de expressar. Ele me disse que estava tendo um caso com outra mulher. Eu disse que queria deixá-lo há muito tempo. Os dois estávamos vazios e resignados naquela situação, mas com medo de realmente romper. Eu havia pensado muitas vezes naquilo e achado muitas razões pelas quais as coisas não podiam continuar do jeito que estavam. Mas não conseguia enxergar nenhuma saída.

Quando deixamos para trás, a cura começa

Sempre há duas alternativas: ou eu ficava e murchava devagar como uma planta sem água ou destruía minha família e desistia do sonho de tentar conquistar algo com meu marido que nunca havia conseguido com outra pessoa. Senti que estava sendo dilacerada aos poucos — e, no final, não conseguia mais suportar a tensão. Fui forçada a me soltar. Eu não podia mais analisar, culpar, entender e explicar. Sentei diante do meu marido e tudo simplesmente transbordou — todos os meus sentimentos, medos, desejos e vontade de me separar. Falei e falei até o rio de lágrimas secar — e enfim pude olhar para ele, sem lágrimas nos olhos. Então algo muito absurdo aconteceu. Pela primeira vez em uma eternidade, me senti em contato comigo mesma e com meu marido. Houve um silêncio profundo entre nós e então uma estranha e tranquila sensação de verdade e pertencimento — uma sensação que nenhum de nós dois tinha há anos, um sinal de que as coisas talvez pudessem dar certo, afinal...

Que pesadelo tivemos que enfrentar antes de recuperar esse sentimento! Porém, nenhum dos dois havia feito o movimento voluntariamente antes. Foi necessária uma enorme pressão para que começássemos. Antes, tivemos que falar sobre divórcio. Em geral, só quando estamos em crise queremos realmente ouvir nossa alma. Quando pessoas me procuram no auge de uma crise emocional, muitas vezes ouço o seguinte: "Não dá para continuar. Não vejo saída. Às vezes só quero morrer." Elas veem a crise como uma tragédia sem solução. Na cabeça delas, no entanto, essa crise é um alívio — a libertação de seu eu verdadeiro da prisão de exigências e conceitos preestabelecidos. Afinal, há espaço para a verdade e nossos verdadeiros sentimentos fluírem.

Quando tragédias são úteis

Depois daquele aniversário desastroso mas cheio de verdades, meu marido e eu admitimos um ao outro que não havia como nossa relação continuar. Decidimos seguir nossos caminhos durante um tempo e viver nossas vidas. Foi uma fase muda, dolorosa e solitária, mas ao mesmo tempo bastante sincera e curadora. Demos de cara com um monte de entulho no qual esbarramos inúmeras vezes sem perceber que ele estava ali. Por anos, sabíamos inconscientemente de sua existência, mas não falamos sobre ele e tentamos representar nosso casamento bem ao seu lado. Agora que as feridas estavam bem abertas, começamos a tirar o entulho que cabia a cada um de nós remover. Só percebemos muito depois que a festa de aniversário havia sido um novo começo para o nosso casamento.

A vida é muito mais esperta do que nós. Se não ouvimos nosso coração apesar de a cada dia ficar claro que estamos mais e mais fora do prumo, a vida simplesmente assume o controle, e em geral de um jeito de que não gostamos. Podemos fazer o melhor para evitar isso, mas no final somos empurrados para a beira do abismo, e às vezes até além dele. A vida nos força a pular — mas só para confiarmos que vamos aterrissar em segurança no fundo. Ela nos leva àquelas circunstâncias em que mais somos capazes de crescer.

Todos percebemos de algum jeito que algo está mudando em nossas vidas, quando algo que quisemos não está trazendo a satisfação que esperávamos. Então é hora de fazer o dever de casa e aprender algo novo. Isso significa que temos que parar e olhar com coragem e sinceridade para nossas vidas. Na maioria dos casos, o único caminho é procurar uma comunicação sincera e desinteressada com as outras pessoas.

A verdade cura

Apesar de agora você estar totalmente sem esperanças, de não haver solução à vista, seja corajoso e olhe para sua vida com sinceridade. Encare a sua situação. A realidade é que provavelmente seu relacionamento não corresponde aos seus sonhos. A realidade é que seu parceiro não tem a menor noção de como você está se sentindo. A realidade é que vocês não estão mais apaixonados. A realidade é que você sabe que seu parceiro tem características desagradáveis e dolorosas. A realidade é que você sente ciúme ou é dependente. A realidade é que às vezes você gostaria de se livrar do seu parceiro. A realidade é que você o despreza. A realidade é que você traiu seu parceiro várias vezes. A realidade é que ele também pode ter traído você. A realidade, por fim, é que provavelmente você se uniu ao seu parceiro por todas as razões erradas.

Na verdade, tudo isso é normal durante um relacionamento e nos presenteia com enormes oportunidades de cura, se considerarmos nosso relacionamento um lugar para essa cura. É necessário coragem e trabalho duro para encarar a verdade, mas muitas vezes não queremos nos incomodar com esse tipo de esforço. Preferimos nos agarrar a uma imagem idealizada de nós mesmos e do nosso relacionamento. Evitamos trabalhar nossos sentimentos mais profundos devido ao risco de que sensações ainda mais desagradáveis apareçam.

É claro que os relacionamentos existem para nos dar alegria, felicidade, prazer sexual e amor. Quando não estamos tão felizes assim, eles devem nos curar para encontrarmos essa felicidade novamente. Quando uma relação nos traz dor, quando nos sentimos tristes e não realizados, podemos usar essas sensações desagradáveis como chances para a cura.

11
A aventura do dia a dia

Sempre desejamos aventura, romance e paixão, mas como essas coisas podem acontecer depois de dez ou vinte anos de casamento? Tudo bem, depois de ler as quase duzentas páginas deste livro, talvez você esteja começando a achar que um novo amante não vai lhe trazer uma grande oportunidade de realização. Talvez você já tenha passado por um divórcio e esteja caindo numa sensação preocupante de tristeza familiar. Talvez o capítulo anterior o tenha estimulado a dizer para si mesmo: "É isso! Estou pronto para a verdade... Bem, para *parte dela...*"

Você não faz ideia de como seu cotidiano pode se tornar empolgante se realmente começar a viver com sinceridade e coragem! Em geral nos adaptamos às circunstâncias, damos um sorriso legal, nos esforçamos para cuidar dos outros de forma exemplar, lutamos por reconhecimento e apresentamos nossos trabalhos e vida doméstica como coisas de uma importância monumental. Ao mesmo tempo, sonhamos com terras desconhecidas, liberdade, agitação e aventura. Quanto mais estruturada é nossa rotina, mais pesadas são as correntes dos nossos hábitos e mais forte é a nossa vontade de escapar. Podemos deixar isso de lado e nos concentrarmos em ser cada vez mais exemplares, mais dedicados, mais consumistas e em subir devagar os degraus da escala social — até o dia em que o destino nos prega uma surpresa com uma falência, uma doença, uma perda, uma separação, a descoberta da infidelidade do parceiro. E, de repente, uma inundação leva tudo de que gostávamos, tudo o que era habitual e sólido, tudo o que seguia nossas regras. Leva nossa reputação, nossa confiança, nossa sensação de segurança, nos deixando sem salvação. Nossa vida se tornou mais agitada, afinal, mas também mais assustadora, ameaçadora e imprevisível.

Em vez de esperar que isso aconteça, você mesmo poderia criar algumas aventuras! Pare de ficar fantasiando sobre sua vida. Sugiro que a viva por inteiro. Pare de fugir de tudo. Aceite o que está acontecendo dentro de você. Escute a si mesmo, teste-se — e se expresse. Isso parece caótico? Na verdade não é... Se seu único modo de se expressar é gritar quando está com raiva e ferir seu parceiro com seus ataques, você só está se prejudicando. Brigas assim poucas vezes resultam em algo útil, e só destroem relações. Entretanto, nada é mais importante do que enfim reconhecer sua raiva — e senti-la por completo. Não é uma questão de simplesmente sair gritando, mas de estar consciente da carga explosiva que você carrega em si. Vou enfatizar que você *não* deve *conter* a raiva. Deve senti-la e aceitá-la. Dessa forma, ela pode ser transformada e utilizada como uma força propulsora para levar sua vida para a frente.

Liberte-se dos seus sentimentos

Quando paramos de esconder nossos sentimentos e eles se abrem em nossas vidas, muitas vezes temos todo tipo de pensamentos defensivos. Enquanto recuperamos o contato com nossas emoções aos poucos, temos que lidar com medo, insegurança e ressacas emocionais. Mas assim como nosso corpo nos recompensa com mais vitalidade, agilidade e beleza depois de malhar algumas vezes, assim que damos espaço para nossos sentimentos mais profundos, ganhamos novamente vivacidade, autenticidade e paz de espírito. Eles são nossa energia vital, nosso impulso emocional. Quando damos atenção a eles, não os censuramos muito e os julgamos o menos possível — basicamente, se os vemos como são —, nos tornamos inteiros de novo. Não devemos nos preocupar se no começo os sentimentos nos inundam como um dilúvio. Imagine uma represa se rompendo — alguma hora as enchentes diminuem e o rio original alimenta e fertiliza a terra seca novamente. As nossas emoções também vão se acalmar a um nível saudável.

A aventura volta à sua vida junto com seus sentimentos — desde que você tenha coragem para aceitá-los e tentar entender cada mensagem aparentemente negativa que suas emoções possam lhe dar. Lágrimas são saudáveis... A raiva pode libertar... De qualquer forma, elas são *suas* lágrimas, *sua* raiva, e é por isso que não há problema algum com elas, mesmo se as outras pessoas as desprezarem. Compartilhar sentimentos com os outros é diferente de jogá-los contra as pessoas. Se você simplesmente permitir que seus sentimentos voltem à tona, você não vai dirigi-los aos outros. Em vez disso, você vai se responsabilizar por eles. Você vai parecer sensível sem procurar bodes expiatórios nem fazer com que os outros sintam culpa.

Não arrume um amante — diga o que pensa

Quando criamos coragem para transcender as dificuldades e nos entregar por inteiro, nossa vida pode se tornar mais empolgante, nossa rotina pode se tornar uma aventura e nossos relacionamentos podem voltar a ser estimulantes e realizadores. Entregar-se por inteiro significa se expressar verdadeiramente. Somos do jeito que estamos nos sentindo a qualquer momento. Estamos vivendo o que há de mais verdadeiro em nós mesmos, somos nós mesmos, somos autênticos.

Acima de tudo, estamos dizendo ao outro o que silenciamos durante anos, tudo o que reprimimos ou guardamos angustiados. O único caminho para a verdadeira cura é a comunicação. A separação e o divórcio são uma quebra na comunicação. A maioria das pessoas que se separam não consegue mais conversar com o parceiro. Os dois estão com medo de que o outro julgue o que podem dizer, ou bloqueiam todas as conversas com ressentimento e amargura, utilizando a falta de comunicação como um instrumento de poder.

Com o passar dos anos, muitos casais recaem em um padrão de comunicação no qual um fala o tempo todo e o outro nunca escuta. É como se um rio fluísse rumo a uma represa. As emoções ficam confinadas, até chegar uma hora em que as pessoas envolvidas estão paralisadas ou fogem de alguma forma do relacionamento para seus rios fluírem livres novamente.

Você não sabe sobre o que falar? Todos aqueles detalhes do dia a dia que parecem banais na verdade são muito importantes. Sua esposa nem sabe o nome do seu principal parceiro de negócios. Seu marido não sabe que na noite passada você teve um pesadelo com ele. Fale sobre isso. Inclua todos os sentimentos que importam para você. A questão mais importante da comunicação diária é: "Como eu quero que meu parceiro me trate?" Isso é tão importante porque lhe diz exatamente como você deve tratar seu parceiro. Acima de tudo, a resposta mostra o próximo passo para a cura e o restabelecimento da comunicação.

Você não faz ideia de quanto a sua vida vai ser empolgante quando você realmente defender a si mesmo, de novo ou pela primeira vez. O que você acha que vai acontecer se enfim colocar tudo para fora? Se você parar de ser bonzinho e sempre baixar a cabeça e começar a dizer o que realmente pensa? Se você parar de sorrir quando quer chorar? Se parar de agradar todo mundo contando aquelas mentirinhas inocentes? Se, no próximo jantar, não ficar conversando sobre o tempo com a pessoa sentada ao seu lado? Se arrumar coragem para dizer ao seu parceiro que não gostou de certas coisas quando estavam fazendo amor? Se você parar de tentar ajeitar as coisas para seu parceiro só para manter a paz? Sua vida se tornaria uma aventura... Seria como acordar. Alguns medos podem surgir da escuridão do seu inconsciente, algumas emoções podem afogar você e aqueles que você ama e afastá-los de suas rotinas familiares — mas você se sentiria vivo.

As maiores aventuras da vida diária ocorrem em períodos de calma. Agora você provavelmente trabalha o dia inteiro. Você se esforça, luta e tem várias atividades, mas não sobra tempo para lazer de verdade. Quanto entusiasmo você acha que surgiria na sua vida se desse a si mesmo paz e ficasse um pouco sozinho? Se começasse a focar em sensualidade, profundidade, silêncio e alegria?

Num primeiro momento, você pode se sentir um viciado em afastamento — obrigado a olhar para si sem se distrair. Esse encontro consigo mesmo pode ser bem perturbador. Você pode se conscientizar pela primeira vez de que foi simplesmente sua inquietação que deixou sua vida tão ocupada e estressante. Você pode ser dominado pelo medo de ser abandonado, de não ganhar dinheiro suficiente ou conquistar o bastante. Se você conseguir ficar consigo mesmo num desses momentos, procurar a quietude e tolerá-la, algo dentro de você lentamente vai se estabilizar. Quando estiver próximo de uma situação crítica, você vai se sentir muito menos estressado e não ficará mais na defensiva. Você vai perceber que não precisa correr atrás das coisas o tempo todo nem ser o melhor em tudo.

Esse processo é principalmente uma questão de compartilharmos nossos sentimentos com os outros e apenas sermos o que somos. Se estamos tristes, então estamos tristes. Se estamos felizes, estamos felizes. Os sentimentos não duram. Eles mudam o tempo todo. Não podemos nos prender a eles nem temos que reprimi-los. Nosso objetivo é estar em contato com nós mesmos o tempo todo, saber e expressar o que está acontecendo com a gente, sem sentir vergonha nem julgar. Também é importante manter esse mesmo contato com a vida em si e aceitar o que ela nos dá, mesmo quando dói procurar um sentido no que ela nos proporcionou.

O presente é a única coisa que existe

A vida sempre diz respeito ao momento presente. Se você realmente admitir para si mesmo que as coisas não são do jeito que você gostaria, e mais, se você quiser aceitar essas imperfeições assim como todos os sentimentos indesejados, se livrar do ressentimento e perdoar velhas feridas, então algo estranho vai acontecer: você vai encontrar a si mesmo — bem agora, no meio da sua vida. Nesse lugar não há problemas. Há paz.

Nada do que escrevi neste livro é mais desafiador do que isso. Para chegar a esse ponto, temos que deixar para trás nossa mente racional. Não é fácil entender que agora, neste exato momento, está tudo bem. Mesmo quando fomos traídos, rejeitados e feridos. Só podemos nos lembrar dessa verdade profunda — de certa forma, *re*lembrar. Você só pode vivenciar isso dentro de si. Você não pode fazer isso acontecer. Você só pode se abrir para isso.

Existem duas áreas do cotidiano onde podemos vivenciar essa verdade: enquanto brincamos com nossos filhos e quando fazemos amor. Todos queremos ser bons pais e bons amantes. Se formos realmente sinceros, vamos saber que essas são as duas coisas mais difíceis de se fazer. O interessante é que essas duas coisas não se conquistam, elas estão ligadas ao que somos. Quando tentamos "conquistar" prazer, não conseguimos. Quantas vezes ficamos sem jeito e inibidos em relação aos nossos filhos quando eles apenas querem brincar com a gente? Quantas vezes somos assombrados pela vergonha e a inibição quando tentamos ser bons amantes?

Sexo e brincadeiras não têm objetivos específicos, mas em nenhum outro lugar você vai encontrar mais prazer, diversão, profundidade e proximidade. Se queremos ser os pais carinhosos que sempre sonhamos, se realmente queremos viver o sexo e a realização, então temos que aprender a viver o momento.

Sempre estamos procurando alguma coisa. Sempre há algo faltando. Talvez você ache que estou exagerando e que você está bem satisfeito, mas de alguma forma, tudo diz respeito a progresso, desenvolvimento, conquista. Você pode dizer: "Isso é parte do plano..." Sim, concordo. O desenvolvimento e a evolução são as dinâmicas da humanidade. O problema é o *desejo* de conquistar. Ele nos distancia do presente, do dia a dia cheio de possibilidades de aventura. Quem quer encarar a vida com tranquilidade? Quem simplesmente aceita que foi enganado ou perdeu o emprego? Quem vai procurar a bondade, a oportunidade de se desenvolver que a vida escondeu atrás de uma aparente crise? Quem está preparado para ser levado pelo rio? Estamos todos tentando nadar — seja porque não estamos felizes com o curso do rio ou com a sua velocidade.

Nossa cabeça está sempre no futuro, nunca no presente, mas a possibilidade de sermos felizes só existe agora, no momento atual. Só agora posso decidir ser exatamente do jeito que sou — e aceitar isso do fundo do coração. Só agora posso me libertar de tudo e sentir toda a bondade que possuo, não importa o que esteja acontecendo na minha vida.

Nossa cabeça sempre nos diz que não podemos ser felizes aqui e agora. Que a felicidade só pode ser encontrada em um futuro imaginário. Que algo tem que acontecer antes. Que vai demorar porque temos que entender, aprender, esclarecer, completar, descobrir ou resolver algo. Ou que temos que ser ou ter algo para finalmente ficarmos felizes, satisfeitos e realizados. A verdade é que nada disso nos deixa mais próximos da felicidade. Esse sentimento já está dentro de nós, no presente, e tudo o que nos impede de vivê-lo são nossos ideais de como as coisas *devem* ser.

Viver com fé

Por isso temos que tentar o tempo todo identificar nossos julgamentos, expectativas e fantasias, como um detetive. Quando aprendemos a revelá-los, ainda há o problema de como nos libertarmos deles ou pelo menos ficar em paz com eles. O princípio mais importante é o seguinte: as coisas podem não ser do jeito que deveriam — mas fazem sentido!

Dia após dia, ficamos dando voltas como um cachorro correndo atrás do próprio rabo. Queremos algo e queremos agora.

Tendemos a ser especialmente impulsivos quando as coisas são importantes ou difíceis. Então perdemos a noção de quem somos e do contexto maior de que fazemos parte. Em vez de nos deixarmos levar adiante, continuamos dando voltas até que um dia não conseguimos mais. Só aí somos forçados a enfrentar o xis da questão. Só aí temos que parar e nos conscientizar sobre nós mesmos.

Quando temos fé nesse processo, muitas vezes aprendemos a simplesmente seguir o caminho e parar de lutar para criar uma solução. Enquanto estivermos lutando, não podemos ter consciência do que realmente está acontecendo. Porém, para recebermos ajuda no processo, temos que nos abrir. Só assim a vida pode assumir o controle novamente e voltar a seu curso natural.

A próxima tarefa difícil já nos aguarda: conscientização. A questão não é mais o que você faz, mas a sua atitude diante dos seus atos. Fazemos muitas coisas numa espécie de piloto automático. Lemos os jornais enquanto tomamos café da manhã. Pensamos sobre o trabalho no carro. No trabalho, fumamos ou comemos. Não estamos realmente presentes.

Como podemos nos sentir bem se não estamos presentes? Como podemos saber do que realmente precisamos? Quando a confiança volta a fazer parte das nossas vidas, a consciência de si mesmo e a intuição também podem tomar o lugar que lhes é de direito. Sentimos o que nosso corpo precisa e suprimos essa necessidade. Quando trabalhamos, seguimos nossa vocação. Nós nos perguntamos: "Eu gosto disso? Isso faz sentido? Isso ajuda meu crescimento e o dos outros?" Ficamos cada vez mais conscientes e presentes — então seguimos nosso caminho, mesmo que às vezes ele pareça uma montanha-russa, na forte crença de que tudo faz sentido. Porque Deus não é uma pessoa, Deus é atitude. Uma vida com fé é uma vida que permite que uma situação mude porque *nós* estamos mudando. Mesmo se isso for um milagre.

Quando as pessoas se abrem pouco a pouco para viver o momento e estão prontas para manter a fé mesmo nos momentos mais difíceis, elas não vivem no caos nem perdem seu tempo fantasiando. Também não são egocêntricas. Elas têm objetivos claros sem precisar falar que conhecem cada passo para conquistá-los. Enquanto têm uma coragem crescente para serem cada vez mais verdadeiras, elas também se tornam mais generosas com os outros. É um princípio simples: se você se entrega por inteiro, também vê os outros como eles são. Você não ganha mais dos outros necessariamente, mas recebe mais porque está aberto para isso.

Com a fé, sua vida vai se tornar mais calma sem ter que fazer qualquer mudança externa. É sua atitude que vai mudar. Com o tempo, não vai haver nada que seja mais importante para você que o seu relacionamento — mas não porque você espera que outra pessoa o satisfaça. Quando você está neste caminho, seu relacionamento se torna cada vez mais importante porque é a área mais empolgante que você pode experimentar e na qual pode se descobrir, e porque nela você pode se mostrar completamente para outro ser humano. Quanto mais coragem tiver para ser sincero, mais você vai acreditar que seu parceiro é a melhor aventura que existe, e mais você vai sentir amor-próprio. E são os nossos estranhos parceiros que nos oferecem os melhores convites para aprofundar nosso amor.

12
Perdoe — Você não pode mudar as outras pessoas

Como disputas de poder, crenças e dor são parte de todo relacionamento, nenhuma mudança é possível sem o perdão. Todas as feridas que se acumularam entre você e seu parceiro foram construídas no seu corpo e no seu coração como uma grande represa que agora separa vocês dois. Por isso, o perdão não é um conceito moral. Não tem nada a ver com ser generoso ou ter uma conduta louvável. O verdadeiro perdão liberta. Ele tem o efeito de uma grande limpeza no seu coração. O verdadeiro perdão é uma forma muito radical de lidar com a vida. Como a maioria das outras coisas que descrevi como realmente úteis, o perdão também exige uma mudança de perspectiva, do exterior para o interior.

Para exemplificar, faça uma pequena experiência. Lembre-se de uma situação em que alguém o tenha machucado. Talvez alguém não tenha cuidado de você direito, tenha traído, enganado ou abandonado. Deixe a memória dos seus sentimentos vir à tona e mergulhe nessa história dolorosa.

Passe um tempo experimentando essas sensações. Não importa o que você esteja sentindo enquanto se lembra dessa antiga ferida, isso está acontecendo dentro de *você*. Permita-se continuar consciente disso. Ouse observar o que está acontecendo com você, assim como um jornalista observa os fatos.

Todas essas memórias. Toda a impotência, a paralisia, a raiva estão dentro de você. Não na pessoa que o machucou, não em algum outro lugar. Agora mesmo, nada aconteceu além de eu lhe ter sugerido essa experiência. São *seus* pensamentos, *suas* imagens, *suas* emoções, *sua* tensão física. *Você* está se sentindo mal quando pensa nessa ferida. *Você* está se sentindo mal porque ainda está machucado.

É importante admitir que fomos magoados por alguma coisa, devemos permitir que a raiva venha. Porém, que benefícios isso traz? No fim das contas, somos nós que continuamos nos ferindo, que temos todo nosso poder e confiança roubados porque continuamos acorrentados a pessoas e acontecimentos do passado.

O ressentimento faz mal

A maioria das pessoas parece sentir um prazer doloroso ao remexer velhas feridas, cavando todas as memórias, dores, impotência e raiva. Se você faz isso, essas coisas continuam na sua vida. Nenhum desses sentimentos está com a pessoa que o machucou. Nada disso pode ser encontrado fora de você. São *seus* sentimentos em relação a essa pessoa, a essa situação. *Você* está se sentindo mal. O outro nem está presente. Ele não está gritando com você, deixando-o, traindo-o. Você só pensa em algo que essa pessoa fez e poderia fazer de novo. E quase imediatamente você começa a se sentir mal.

Você acha que, com tudo isso, tem o direito de sentir raiva. Talvez você *tenha* o direito. Mas você realmente gosta disso? Essa pergunta pode soar absurda. Alguém realmente gosta de se sentir mal? Mas ninguém jamais nos estimulou a perguntar isso tendo em vista nossa resposta à dor emocional. Perdoar significa, principalmente, dar mais valor à sua paz interior do que à ânsia de submeter velhos padrões e exigências a si e aos outros. Quando perdoamos, estamos livres.

Um estudo recente sobre os efeitos do perdão sobre a dor emocional chegou à conclusão de que perdoar faz bem para o corpo e a alma. Descobriu-se que guardar ressentimento deixa você doente e impede que coisas novas e saudáveis se desenvolvam. Perdoar é bom para você, pois mostra novas maneiras de viver.

Talvez os resultados desse estudo tenham inspirado você a olhar o perdão de um novo ponto de vista: praticar o perdão nos dá o direito de não sermos mais torturados pelo passado. Continuar com raiva e bancar a vítima nos roubam todas as possibilidades de lamentar nossa dor e seguir em frente.

A tarefa de limpeza mais importante é viver o luto. É importante ficarmos de luto por acontecimentos dolorosos. Só assim podemos superar a dor, nos libertar dela e começar algo novo. Nenhuma dor pode ser realmente curada se não a conhecemos, sofremos e perdoamos.

Perdoar é se libertar

Porém, há uma armadilha traiçoeira escondida no caminho. Não dê uma de herói separando-se de todas as suas antigas dores e esperando ser generoso e compreensivo em relação a todos os tipos de comportamento. Se a dor é muito reprimida, pode causar uma espécie de envenenamento interior — um sofrimento que não é expresso leva geralmente à depressão. Sorrir e apoiar o mau comportamento dos outros, justificar tudo e negar nossa dor não têm nada a ver com perdão. Perdoar tem a ver com uma mudança radical de posição: "Não quero mais ser a vítima e me sentir mal em relação a mim mesmo. É por isso que agora estou me libertando do passado e me concentrando em mim e no meu caminho."

Isso não significa assumir a culpa de outra pessoa. Tudo o que acontece conosco apenas nos mostra a profundidade da nossa dor. Se aceitarmos essa conexão entre interior e exterior, não nos sentimos culpados. Em vez disso, finalmente ganhamos uma nova visão, força e responsabilidade para buscar a nós mesmos.

Só uma coisa é mesmo importante quanto aos nossos relacionamentos com as outras pessoas: temos que deixar de ser negativos. O estigma que temos colado a nós mesmos é o mais difícil de se enxergar. Somente nós decidimos o que nos machuca, o que consideramos negativo, e associamos isso com sensações desagradáveis. Por isso precisamos reconhecer que criamos nosso próprio sofrimento ao nos agarrarmos a crenças negativas sobre outras pessoas e acontecimentos. Se você não reconhecer que sempre está fazendo isso, continuará assim para sempre. Então não vai conseguir entender por que sua vida está tão difícil. Você responsabilizará os outros por seus problemas — geralmente seu parceiro, mas também seus pais, seus filhos, seu chefe, seus vizinhos e a sociedade.

Pais são como pesos

Ressentimento, culpa, julgamento e crenças são um veneno para a vida. Cada julgamento negativo que você dirige a outra pessoa é um ataque a você mesmo. É por isso que a nossa mente precisa de um treinamento constante para se livrar das formas habituais de pensar e julgar. Seus melhores amigos nessa luta são seus pais. Eu adoro a seguinte frase sobre os pais: eles não estão aqui para deixar tudo bonitinho para você, para apoiá-lo e alimentá-lo. Os pais são como pesos para contrabalançar sua vida e fortalecer os músculos da sua alma. Quando lutar contra suas raízes, tente ver as coisas por esse ponto de vista. Pergunte-se que força você poderia desenvolver ou já desenvolveu por causa dos defeitos dos seus pais. No final, você vai até agradecer seus pais por isso.

Se não praticamos esse tipo de abertura em relação aos outros, nos tornamos vítimas de nossas exigências sobre-humanas em relação a nós mesmos. Lá no fundo, pensamos coisas como: "Não posso errar. Tenho que ser sempre perfeito e me apresentar dessa forma, senão as pessoas vão achar que sou um fracasso. Não sou bom o suficiente — é por isso que preciso que os outros me aceitem. Se eles me rejeitarem, não sou bom."

Se aprendemos a aceitar que não somos perfeitos e nos permitimos errar, também podemos parar de esperar que os outros sejam perfeitos. Quanto menos lutamos pela perfeição, mais nos desfazemos dos nossos julgamentos e avaliações em relação aos outros.

Em primeiro lugar, perdoar é importante para *nós* no que tange à nossa autorrejeição, nossas exigências, nossos padrões e nosso perfeccionismo. Se ainda não sabemos o que queremos perdoar, então o perdão, como todas as outras coisas, requer vontade seguida de prática e compromisso. Olhe para o seu parceiro, seus pais, seus chefes e colegas de trabalho, seus amigos e parentes e *pratique* o perdão, no sentido verdadeiro da palavra. Se você se pegar fofocando sobre eles de novo, julgando-os e ficando chateado com o comportamento deles, lembre-se de que acabou de aprender algo sobre como você é cruel consigo mesmo. Lembre seu próprio desejo de proximidade, sua vergonha, o jeito como compensa suas inseguranças. Pratique a compaixão, o entendimento e a delicadeza ou apenas liberte-se de tudo. Você provavelmente não vai conseguir fazer isso em um dia, mas quando se pegar julgando algo ou alguém, quanto mais tiver exercido a libertação, mais pacíficos se tornarão sua vida e seus relacionamentos.

Verdadeiros milagres

Às vezes sonhamos com um milagre em nosso relacionamento, mas o único milagre real é o perdão. Cada minuto nos oferece a oportunidade de decidir se deixamos esse milagre acontecer. O milagre é uma simples mudança de perspectiva, a abertura de um novo panorama. Não temos que fazer esse milagre acontecer — é só pedi-lo.

Provavelmente não temos o hábito de pedir por um milagre quando as coisas saem do prumo. Aprendemos a procurar bodes expiatórios, a ficar na defensiva e a julgar os outros, em especial nas situações difíceis, mas nunca a nos voltar para nosso interior e rezar por ajuda.

Quando uma situação o domina e você se pega fazendo julgamentos, se acha que não consegue fazer as pazes com o outro sem ajuda, se você não consegue enxergar as coisas de forma diferente, peça por um milagre. Você só precisa ter vontade de perdoar — mesmo se ainda não se sentir capaz de perdoar de verdade. Apenas admita para si mesmo que, no momento, não tem forças para deixar para trás todas as condenações e ressentimentos. Conheça o rancor que o impede de abraçar o amor e o perdão. Apenas se prepare para *querer* perdoar. Prepare-se para acreditar na conexão divina oculta e na ajuda infinitamente disponível. Mesmo quando você ainda sente amargura, quando seu coração não encontra paz, você pode viver verdadeiros milagres. Você só tem que pedi-los. Sua vontade de perdoar vai reunir toda a ajuda no universo porque, como li certa vez num livro da Foundation for Inner Peace, “o mais sagrado dos lugares é aquele onde o velho ódio se torna amor”.

13
Amor e sexo

Caso você não saiba ao certo sobre o que é este capítulo enquanto lê as próximas linhas, vou deixar bem claro: este capítulo é sobre sexualidade, ou melhor, sobre o amor físico.

Hoje acordei e tudo o que sentia e via estava encharcado de amor. Eu sei quanto isso soa cafona, mas é verdade. Eu poderia facilmente continuar no clima de uma música romântica e descrever os sentimentos que me inundaram com ondas suaves durante a manhã. Não foi fácil abrir os olhos, mas o mundo lá fora parecia rico e abundante. As cores das folhas do outono no nosso jardim pareciam mais fortes e vibrantes do que antes. Quando corri entre as árvores, o cheiro de terra era mais rico e intenso. Em dado momento, parei de correr para sentir mais intensamente cada passo na terra macia. Toda hora um pensamento invadia minha cabeça: "Tudo é possível!"

Tudo é possível

Você quer saber o motivo desse meu estado de graça? Depois de dois dias muitos duros, cheios de tensão, assombrados pelo passado, eu e meu marido nos reencontramos à noite de uma forma profunda e sincera e fizemos amor. A palavra importante aqui é "amor". Ainda mais importante é que não estou falando sobre sexo, mas sobre *amor* físico. Nós dois tínhamos amado, através da nossa dor e silêncio, até encontrarmos um no outro nossas naturezas verdadeiras e pacíficas.

Hoje em dia meu marido e eu conhecemos bem esse processo de mergulhar de cabeça no próximo passo da relação, com sorte sem nos machucarmos. Uma vez, brigamos muito por motivos cada vez mais triviais durante dois dias. Meu marido tentou fugir várias vezes, e eu o perseguia o tempo todo. Quando conseguia relaxar um pouco entre os ataques, procurava ao máximo o que estava tentando vir à tona, qual antiga dor estava implorando para ser curada. Então percebi que a primeira fenda se abriu quando estávamos de bom humor e decidimos sair para dançar. Não dançávamos havia muito tempo. Na pista, nossos corpos apenas se moviam mecanicamente, repetidamente, como sempre, sem qualquer contato real. Quando meu marido enfim começou a olhar em volta sem direção certa, tentei captar seu olhar e fiquei tensa. Continuamos dançando, mas foi como se estivéssemos imunes um ao outro. Nos tocamos, mas não de verdade. E o pior de tudo: não tratamos esse sentimento, tentamos apenas ignorá-lo.

Foi nessa noite que a implicância e a tensão entre nós começou. No final, depois de outro dia desagradável e cheio de brigas, conseguimos encontrar palavras para o que estava acontecendo. Devagarzinho, pouco a pouco, começamos a expressar o que estávamos sentindo e aquilo de que sentíamos falta. No fim das contas, por trás de toda a implicância, nós dois tínhamos sentido insegurança, rejeição e uma sensação de fracasso quando estávamos dançando — mas nenhum de nós tivera a menor consciência disso.

Quando conversamos, parecia que estávamos limpando uma ferida. A conversa foi necessária para esclarecer as coisas e lavar a alma, mas a ferida ainda ardia. Uma palavra errada e meu marido congelava. Uma resposta mais defensiva e minhas reclamações e chateações continuavam. Velhas questões retornaram, arrastando consigo toda a velha bagagem emocional. Como agora estávamos craques nisso, também procuramos nosso amor ali no meio. Aquela noite, fomos para a cama com a firme intenção de recuperar nossa abertura, nossa paz de espírito e o contato com o outro antes que o dia acabasse. Não queríamos levar toda aquela dor e raiva noite adentro. Então não havia outro jeito além de expressar tudo o que havia entre a gente, porque só assim iríamos reencontrar nosso amor.

O amor é um rio

Fomos para a cama. Ficamos cara a cara e nos olhamos nos olhos — resistimos no começo, mas sabíamos que essa seria uma boa forma de sermos sinceros. A calma havia voltado e podíamos fazer o esforço de falar um com o outro do fundo do coração de novo, podíamos lentamente voltar a tocar o outro com amor até que nossos corpos estivessem mais uma vez preenchidos por uma vitalidade pacífica. A princípio, só nos tocávamos de forma muito cautelosa e alerta, como se andássemos em um campo minado. Então aconteceu algo que você não pode provocar, tem que deixar acontecer: algo dentro de nós começou a relaxar e nossos corpos reencontraram o caminho para seu próprio fluxo pacífico e poderoso. Eu jamais havia sido capaz de perceber com tanta clareza e consciência que, enquanto me via cada vez mais claramente e compartilhava minha dor, tudo dentro de mim enchia-se de vida outra vez.

Meu amor pôde fluir solto por mim e tinha um só objetivo — me reconectar ao meu marido.

Escrevi cada palavra dos últimos parágrafos como uma declaração apaixonada para ilustrar que existe uma inocência profunda em nossos corpos e na nossa sexualidade esperando para ser aceita, para ser libertada da vergonha e absolvida. Nada sofreu um estupro tão violento quanto o amor físico. A sexualidade tem sido distorcida pela pornografia, perseguida e levada ao excesso, condenada e vista como algo vergonhoso pela religião e em inúmeros quartos simplesmente murchou e morreu.

Conscientemente ou não, todo mundo quer que sua vida seja alimentada e enriquecida pelo amor físico, mas poucos conhecem os antigos segredos da energia sexual que nos traz brilho, conexão e paz de corpo e mente. A maioria das pessoas luta durante a puberdade em busca de um amor físico que dê satisfação e intimidade. A maioria acaba com o coração partido ou num beco sexual sem saída. Poucos encontram a chave para uma sexualidade eternamente realizadora.

Descobrindo os segredos do amor físico

Houve situações e acontecimentos na minha vida que, à primeira vista, ou até um pouco depois, não pareciam ter nada a ver com sexo, mas foram bem diferentes de tudo que eu já havia vivido. Às vezes, por um breve momento, eu me senti realizada. O espaço e o tempo pareciam ter desaparecido e eu me senti livre de tudo, cheia de amor e profundamente conectada. Naquela época eu não tinha palavras para expressar esse sentimento de felicidade irreal e sem limites. Eu me preocupava se uma tentativa de descrever isso pudesse parecer loucura e, então, não ousava compartilhar meus sentimentos com os outros.

Mais tarde descobri que aquele sentimento só surgia quando eu estava excepcionalmente relaxada. Percebi, surpresa, que aquilo ocorrera várias vezes quando eu não podia controlar os acontecimentos, quando havia me desafiado além dos limites e estava determinada a controlar algo que me escapava. Passaram anos até que eu lesse algo sobre sexo que fizesse a conexão, algo que continuou comigo desde então. Nessa época, eu já estava casada e tinha a sensação de que o sexo com o meu marido não me traria aquilo que eu mais desejava, ainda que secretamente. Foi aí que li o livro de um autor australiano cujo título é *Making Love: Sexual Love the Divine Way* [Fazendo amor: o amor sexual de forma divina]. Sua ideia central era a de que, quando uma mulher sente que seu homem é impulsionado pelo desejo sexual e não por um amor que preencha, ela deve dizer não.

O útero dá origem a tudo

Um livro sobre sexo que quer banir o sexo dos nossos quartos? O livro começava com as seguintes palavras:

> *A infelicidade básica da mulher, seu eterno descontentamento, existe porque o homem não consegue mais alcançá-la fisicamente. Seus excessos emocionais, depressões, tristes frustrações, a tensão pré-menstrual e as condições que levam à histerectomia e outros problemas uterinos devem-se ao fracasso sexual dos homens em reunir ou libertar, ao fazer amor, as magníficas e fundamentais energias femininas.*

Para mim, isso soava como um panfleto de uma feminista da pesada, mas foi escrito por um homem na faixa dos setenta anos que amava o sexo e as mulheres. Foi um desafio radical para os homens abandonarem seu impulso sexual em favor do amor.

> *Isso requer amor puro. Não depende de técnica. Um homem pode desenvolver sua técnica sexual, mas não pode usar essas habilidades para fazer amor divino. Sensações excitantes e orgasmos são gratificantes e dão a ele uma espécie de autoridade, mas não são o amor que a mulher tanto deseja. Ele pode satisfazê-la, assim como uma boa refeição. Mas logo ela estará com fome novamente e, no final, desprezará seu apetite ou a si mesma, porque sabe que não está sendo amada.*

Eu nunca havia conectado minha inquietação interior e minha busca contínua tão claramente ao sexo. Para mim, as palavras daquele autor australiano eram muito radicais. Mas algo em meu coração sussurrava: "É isso! É isso!" Só que eu não era uma feminista! Na verdade, é bem o contrário — as mulheres me acusam de ser compreensiva demais com os homens. Eu amo os homens e os respeito. Então, o sexo masculino teria corrompido as mulheres? O australiano diz que isso nos tornou megeras, vadias, demônios emotivos:

> *Enquanto o mundo continuar assim, o mal não vai permitir que os homens esqueçam seu fracasso em amar as mulheres da forma correta. O futuro da raça humana depende de que a mulher seja amada, porque só assim o homem pode ser verdadeiro e recuperar sua autoridade perdida.*

Apesar de todo esse antimachismo radical, eu queria saber o que era esse amor físico divino e como experimentá-lo. Então terminei de ler o livrinho. Ele se manteve radical até a última frase, mas fez mais sentido para mim que qualquer outra coisa que eu tivesse visto sobre o assunto. Quanto mais eu lia, mais descobria que suas palavras, apesar de todo o radicalismo, eram as mais tranquilizadoras e amorosas que eu já lera sobre sexo para homens e mulheres.

Hoje sei que o amor sexual verdadeiro pode oferecer um caminho promissor para homens e mulheres, para longe da falta de desejo, do sexo impulsivo, dos relacionamentos tediosos e perigosos. Sei que este tipo de amor pode mudar seu relacionamento de forma fundamental. No entanto, você tem que tomar uma decisão. Você tem que decidir por uma nova forma de amor físico com seu antigo parceiro — sim, aquele parceiro que você despreza por não ser nada interessante. Para começar, já é suficiente admitir que você não vai encontrar a satisfação sexual que desejava, e que você não sabe de fato como alcançá-la. Já é o bastante simplesmente querer encontrar um caminho melhor.

Além do orgasmo

Em vez de trabalhar em busca do orgasmo, de desejá-lo, de focar e se fixar no clímax, apenas relaxe com a sua energia sexual natural. Com frequência ela está enterrada, mas está sempre presente. Em vez de se pressionar para fazer ou ser outra coisa, você deve se preparar para um afastamento emocional de suas fantasias, imagens e ideias de sexo perfeito. Tanto os homens quanto as mulheres têm que tentar amar uns aos outros sem pensamentos, objetivos, emoções e fantasias.

Talvez você não esteja consciente disso, mas a sexualidade geralmente está ligada ao controle — acima de tudo, ao controle sobre o verdadeiro eu. Nós nos controlamos, conscientemente, mas na maioria das vezes inconscientemente, para cumprir nossas próprias exigências e padrões, só que não confiamos no nosso fluxo interno natural e no nosso verdadeiro ser. As mulheres em especial precisam de coragem para aceitar sua rigidez física e sua fome emocional. Sendo bem clara, elas precisam de coragem para não fingir outro orgasmo ou não fazer sexo só para agradar ao parceiro. Tenha coragem suficiente para conhecer todos os seus medos de fracasso, seus sentimentos de inferioridade, a raiva contida do outro e expresse-os.

Os homens precisam de coragem para reconhecer que em geral eles ejaculam, mas poucas vezes têm um orgasmo e se tornam completamente conscientes de seus corpos. Poucas vezes eles estão em contato com seu físico de verdade e devem admitir a si mesmos e a suas parceiras que sabem muito pouco ou até agora quiseram saber muito pouco sobre suas necessidades físicas e emocionais, e que se sentem inseguros e inibidos.

O fantasma da paixão

Se apesar de tudo você tentar e reunir toda a sua coragem, ainda pode levar meses e até anos para você e seu parceiro superarem o pântano de mal-entendidos, caras fechadas, raiva e fantasias ilusórias. Você pode ter que reconhecer que sua paixão original era mais por um fantasma idealizado do que por seu parceiro real. É provável que você reconheça cada vez mais claramente que seu parceiro é tão vulnerável e imperfeito quanto você. Ele pode dizer "não" ou não ter imaginação — simplesmente porque homens não sabem agir de outra forma.

Admitir tudo isso pode parecer perigoso, mas não fuja disso. Continue determinado a sentir todos os seus sentimentos e, mais que tudo, expresse-os da forma mais aberta que puder para seu parceiro. No final, vocês poderão ser os melhores professores e proporcionar o melhor sexo um para o outro. Com o tempo, algo vai crescer entre vocês — um novo tipo de amor e confiança que talvez vocês nunca tenham sentido antes. Diferente da paixão cega dos primeiros tempos, essa será uma ligação sólida e estável que torna possível um verdadeiro e profundo amor físico.

Esqueça o sexo

Você não pode fazer isso acontecer ou forçar a situação. Você só pode relaxar e se abrir para isso. Quanto mais você aprende a confiar no seu amor-próprio, mais ele vai se espalhar dentro de você. Isso leva tempo e paciência e exige que você se livre de vários velhos hábitos. Não posso deixar de enfatizar que em primeiro lugar devemos esquecer nossa fixação no orgasmo. Para se encontrar outra vez no fluxo natural e realizador do amor físico, você tem que querer tocar e explorar conscientemente o corpo do outro, mesmo que num primeiro momento você possa se sentir frio, fraco e entorpecido.

Você provavelmente vai ficar impressionado com o pouco contato que tem com o seu corpo. Deve fazer anos desde a última vez em que você o ouviu, sentiu e amou.

Peça ao seu parceiro para olhar nos seus olhos em silêncio. Num primeiro momento, isso pode ser bem difícil. Você pode se sentir envergonhado, ou inibido, ou querer rir. Continue assim de qualquer jeito e apenas deixe as coisas seguirem seu rumo. Fale sobre o que está acontecendo entre vocês. Compartilhe com o outro suas sensações físicas — as desagradáveis também, mas não fale sobre o que você está pensando —, diga o que você está realmente sentindo. Examine uma por uma as sensações que chegam a seu corpo. Se alguma for agradável, diga isso ao parceiro, assim ele se sentirá mais seguro nesse novo caminho. Se não for, ouse dizer isso também. Penetre em si mesmo, abra-se por dentro sem perder o contato com o seu parceiro. Sinta seu corpo e siga o que ele está lhe dizendo. Deixe sua respiração se tornar mais profunda — isso vai relaxá-lo.

Fraqueza, tristeza e raiva podem vir à tona e atingi-lo a qualquer momento. Talvez excitação e desejo só se desenvolvam quando você começar a relaxar, e então você vai querê-los e persegui-los. Não se deixe levar pelas suas expectativas — saiba quando está despertando, aprecie esse momento e abra-se da parte mais baixa do seu corpo até as outras partes. Preste atenção nas mãos, nos pés e no peito. O peito é onde está seu coração, que é de onde o verdadeiro amor físico sempre vem.

Amor físico de verdade vem do coração

Só quando o coração de uma mulher pode entrar em contato com o de um homem, seu corpo pode se abrir de verdade. Quando ela consegue penetrar sua delicadeza, a insegurança do seu ser, ela consegue se sentir dentro dele e o verdadeiro contato pode acontecer. É isso que o autor australiano prega em seu livro aparentemente anti-homens e antissexo: o verdadeiro amor físico vem do coração. É por isso que ele condena fortemente a fixação masculina em órgãos genitais, orgasmos, pornografia e fantasias sexuais.

Um homem só se acalma ao conseguir derramar fisicamente sua força amorosa sobre uma mulher. Uma mulher pode realmente abrir seu coração e dar energia através de seus seios para o coração dele, de onde fluirá de volta à genitália dele. Só quando homens e mulheres ligam-se pelo coração e estão totalmente abertos e presentes, esse circuito amoroso pode ser completado. Muitas pessoas que vivenciaram essa circulação a descrevem como um orgasmo de corpo inteiro, um sentimento de infinidade e união completa.

Você não precisa ser o amante perfeito para viver essa dimensão espiritual do sexo. Tudo isso se resume a uma coisa: estamos preparados para nos abrir para nosso parceiro e para nossas velhas feridas? Estamos preparados para romper velhos obstáculos, senti-los, aceitá-los, compartilhá-los e curá-los?

Para curar a sexualidade feminina, é essencial que as mulheres voltem a confiar na sua percepção do toque e tenham coragem de expressar o que aquilo significa para elas. As mulheres só levam uma fração de segundo para reconhecer o objetivo de um toque. É um toque de desejo sexual ou de carinho e amor?

Nosso corpo é nossa memória

Nosso corpo é nossa memória — ele guarda todas as nossas experiências passadas, nas camadas das nossas células. Nesse sentido, o histórico sexual de cada pessoa está armazenado em seu corpo, com todos os seus aspectos agradáveis e desagradáveis. Quando nos conectamos com nossos corpos, quando fazemos amor conscientemente, nosso passado sexual vem à tona para que possamos curá-lo e livrar nosso corpo dele.

Quando começamos a praticar o verdadeiro amor físico, quando todos os nossos movimentos se tornam mais lentos e mais conscientes, nossos órgãos genitais começam a se curar e a dor física e emocional do passado aparece. Não fuja dessa dor — reconheça-a da forma mais precisa e amorosa que puder e a compartilhe com seu parceiro.

Quando você sentir dor, entorpecimento e tensão em seu corpo, olhe para isso de um ângulo diferente: fique grato por esse sentimento, porque está mostrando exatamente onde seu corpo precisa de um toque curativo.

Se você quiser rir ou chorar, faça isso. Encontre fisicamente seu parceiro, mesmo se sua vida amorosa estiver hibernando ou for só rotina. Deixem para trás todos os seus velhos hábitos e apenas amem um ao outro. Deitem-se juntos. Não façam nada, apenas esperem, estejam conscientes de vocês mesmos, dos seus corpos, e os sigam. Faça isso quantas vezes puder. Quanto mais você fizer esse esforço para se abrir para o amor, mais amor vai crescer entre vocês.

Faça sempre que puder

Não me entenda errado — não deixe que as últimas linhas façam você se sentir pressionado. "Agora ela está dizendo que temos que fazer sexo mais vezes!" Essa não é a questão. Você não tem que fazer nada. Nada de posições, de orgasmos, de aventuras excitantes, de práticas secretas ou luxúria e paixão especiais. Eu apenas estou defendendo que você deve ser você mesmo o máximo que puder, e que deve se conectar ao seu parceiro o máximo que puder. Tire um tempo para um encontro realmente íntimo. Para isso, você tem que sair da sua cabeça em direção ao seu corpo, ao aqui e agora.

Num primeiro momento, você pode não encontrar nenhum sentimento de excitação sexual. Em vez disso, você pode encontrar entorpecimento, tédio e vergonha, parados como seguranças na porta de uma boate. Está tudo bem. Apenas siga esse caminho e ame o outro do jeito que ele é. Persevere, mesmo diante dos obstáculos. Agora você sabe que nessa jornada as emoções mais reprimidas serão liberadas. Brigas vão explodir, enxurradas emocionais vão surgir. Os sentimentos podem flutuar como um navio numa tempestade. Controle as ondas em vez de se deixar levar por elas. Observe as próprias emoções e busque o amor. Assim, ele vai se espalhar e ligar você a seu parceiro com mais firmeza.

Quando você experimentar isso, vai perceber cada vez mais como o fluxo do amor físico é totalmente diferente de apenas fazer sexo. Se continuar assim, também vai encontrar o que estava procurando há anos. Você vai poder viver outra vez a verdadeira intimidade e deixar seu amor crescer. Vai poder redescobrir sua energia sexual, sua força vital e sua paz interior. Seu corpo vai confiar nele mesmo de novo. Velhas feridas podem ser retrabalhadas, e seu corpo vai poder relaxar de verdade outra vez.

14
Filhos do amor

Algumas relações terminam quando o casal não possui filhos. Alguns só ficam juntos por causa das crianças. Algumas relações passam por sua primeira grande crise com o nascimento do primeiro filho... As crianças têm um enorme poder. Elas carregam as esperanças da família e são seu espelho. Não precisam de gestos amigáveis, elas exigem uma proximidade real, e assim trazem à tona cada defeito de seus pais e transformam todo relacionamento. Elas exigem um compromisso verdadeiro. Com precisão cirúrgica, refletem em seu comportamento não apenas o que seus pais dizem, mas aquilo em que eles acreditam, e como o relacionamento de seus pais realmente é.

Não acho que nossa sociedade tenha muita noção do verdadeiro impacto do nascimento de uma criança. Há pouco tempo, uma amiga minha que havia tido um filho alguns meses antes me ligou. Minha amiga tinha acabado de passar a noite cuidando de seu bebê com febre enquanto ela mesma sofria com uma cistite. De manhã, ela estava totalmente exausta, mas impressionada consigo mesma, com a forma como tinha ultrapassado seus próprios limites pelo seu filho, como fora capaz de continuar se doando mesmo quando não tinha condições.

Grávidas e sozinhas

Quando uma mulher engravida, quase tudo no seu corpo muda, dos seus hormônios à sua pele, do seu cabelo aos seus desejos — sem falar nas suas emoções, que parecem estar numa montanha-russa. Dia após dia, as futuras mamães se veem presas em uma teia de regras: não fume, não beba, não carregue peso, não faça isso, não faça aquilo. Tudo é uma questão de consideração, responsabilidade e desprendimento em favor da nova vida invisível dentro delas. Elas engordam, contínua e involuntariamente, e poucas vezes só a barriga aumenta — isso numa época em que a autoestima feminina está ligada a seu corpo e sua aparência. Da mesma forma, espera-se que da noite para o dia elas parem de fumar e beber, mostrem moderação e fiquem tranquilas, e ainda que aceitem os incômodos no local de trabalho.

Ainda há os parceiros das mulheres grávidas. De repente, esses homens devem se tornar pais. Por algum tempo não há nada visível, quanto mais algo que possa despertar sentimentos nos homens. Seus corpos continuam os mesmos, assim como seus hormônios. Eles não retêm líquido, não ficam enjoados quando veem carne. Continuam vivendo como antes — só que agora são futuros papais.

Essa distribuição desigual de energia culmina no nascimento da criança. As mulheres sofrem as piores dores de suas vidas, seus corpos parecem prestes a se partir devido às contrações, enquanto os homens assistem do canto, como espectadores, correspondentes de guerra.

O nascimento — o começo da separação

Nessa fronteira entre vida e morte, as mulheres geralmente se sentem abandonadas. Os homens, por sua vez, se sentem impotentes no exato momento em que algo real de fato está chegando à vida. Essa é uma experiência básica na vida humana — e pouquíssimos casais vivem o que haviam desejado.

Muitas mulheres perdem o respeito por seus maridos depois do nascimento de um filho, às vezes sem saber. Mesmo se o parceiro tiver ficado lá o tempo inteiro segurando sua mão, é provável que ela se sinta perdida e isolada. Algumas mulheres ficam com raiva de um jeito estranho, se recusam a serem tocadas por seus homens e pedem que eles vão embora. O nascimento reduz a mulher a seu estado puro e as empurra para uma total autoconsciência. Todo tipo de questão das maiores profundezas do seu eu físico e emocional vem à tona. Elas são forçadas a ser completamente passivas e inteiramente presentes. Num abandono tão completo, nós, mulheres ocidentais, logo nos sentimos perdidas, distanciadas e com raiva da grande verdade feminina: temos que receber e aceitar a nova vida, nos expor a um poder enorme a cada contração. A única coisa que podemos fazer é nos abrir para essa força vital. Não podemos fazer mais nada — não podemos decidir, mudar ou entender nada. Só podemos seguir a corrente.

Os homens estão acostumados a entrar em ação, a estar no controle, a tomar decisões. Durante o nascimento, eles não podem fazer nada, não podem analisar, influenciar e nem ajudar de verdade. Depois de conversar com muitos homens sobre este assunto, eu queria resumir da forma mais enfática possível a essência da experiência masculina durante o nascimento: impotência, fraqueza e exclusão. Eu também gostaria de pedir mais compaixão às mulheres. Elas se mantêm conscientes por causa da sua dor e são praticamente forçadas a estar presentes em seus corpos — a sábia natureza se certificou disso. Porém, eu juro, queridas irmãs, que, se pudéssemos ficar batendo perna, desmaiar, nos esconder atrás de uma câmera, encher a cara com nossos amigos ou cair no sono para evitar as horríveis dores das contrações, nós faríamos isso!

Para muitos casais, o parto pode se tornar o nascimento do verdadeiro amor, porque nessas horas você não encontra rainhas da beleza e heróis corajosos. O que você encontra é uma força vital básica que espera uma coisa dos participantes: aceitar o que está acontecendo. As mulheres têm que ir além de si mesmas como jamais foram em termos de compromisso e tolerância. E os homens têm que reconhecer que seu poder nos negócios não tem a menor importância. Eles têm que aceitar ser reduzidos ao papel de meros espectadores, enquanto uma nova vida surge. Não há nada a ganhar e a desejar; é o encontro da dor feminina com a impotência masculina. É hora de cada um mostrar profunda solidariedade pela situação difícil do outro. E quando duas pessoas vivenciaram uma à outra nesse canto mais complicado e escondido do seu ser, uma recompensa inimaginável se apresenta imediatamente — passa a haver um ser humano onde antes não havia.

Um bebê mostra nossos defeitos para o mundo

Quando os filhos chegam, todos os nossos defeitos se tornam aparentes. Queremos dar tudo aos pequenos e descobrimos que às vezes não temos muita coisa. Desde o primeiro dia eles querem contato e atenção, e desejam que cuidemos deles o tempo todo. Como sempre exigem tudo de nós, todos os buracos nos nossos corações se tornam aparentes. Como flores crescendo em direção ao sol, as crianças sempre se voltam para o amor, e, se não recebemos amor verdadeiro, não podemos dar amor. O fluxo foi interrompido. Não importa quanto tentemos dar ou compensar, ficamos dolorosamente conscientes dos nossos defeitos. Lá dentro nos sentimos culpados e nos distanciamos através do trabalho e de outras obrigações, ou nos tornamos mestres em organizar diversões. No entanto, as crianças sempre vão preferir uma vida verdadeira, mesmo que imperfeita, ao distanciamento ou a uma falsa imagem de família feliz.

Se nos comunicamos de verdade com nossos filhos, logo temos consciência disso. Então as coisas ficam mais fáceis. Rimos com eles, achamos suas histórias empolgantes. Em momentos assim, temos algo para dar a nossos filhos. Quando passamos uma tarde brincando com eles por obrigação, é apenas um sacrifício. Podemos nos sentir culpados se não fizermos isso. Porém, lá no fundo nossos filhos sabem disso muito bem. Eles têm uma anteninha muito sensível para captar falsidade. Quando eles a sentem, começam a fazer manha para chamar atenção. Quando percebem o vazio do coração dos pais, sentem-se completamente desvalorizados por dentro.

Há duas saídas para situações tão difíceis e sem graça. Ou você é sincero com seus filhos e diz: "Não estou com vontade de brincar disso. Só quero ler meu livro em paz..." ou "Estou muito cansado. Não posso fazer o bolo hoje. Você compreende?". Ou você enfrenta a situação com seus filhos com toda a sua sinceridade e verdade: você admite que está distraído, tenso, cansado ou sonolento. Quando para de utilizar suas últimas energias para bancar o pai exemplar ou a mãe amorosa, quando você encara seus defeitos conscientemente, você pode até não passar uma tarde animada e divertida com seus filhos, mas pode encontrar uma proximidade real. Quando você encara seus sentimentos, ou a falta deles, algo incrível começa a fluir. As crianças também sentem isso. Se você está ciente da sua resistência interior, mostre suas fraquezas e diga: "Ah, vou tentar." Às vezes, coisas inesperadas acontecem.

O contrário de "bom" é "bem-intencionado"

Um sábio dizia: "O contrário de 'bom' é 'bem-intencionado'." Seus sacrifícios vazios pelos seus filhos se tornam especialmente dolorosos quando você espera um dia receber algo em troca. Agora, nenhum deles vai se oferecer para lavar a louça, mesmo que você tenha organizado festas de aniversário perfeitas para eles durante anos. Você sempre se sacrificou pelos seus filhos. Deixou de ir a festas, relutou mas abandonou a carreira e foi dormir cedo toda noite porque senão os pequenos não conseguiriam dormir. E agora você não se sente bem e nenhum dos seus filhos pergunta como você está sem que você peça. É seu aniversário e não há um bolo ou uma surpresa à vista. Agora seus filhos o acompanham em um evento importante e se comportam feito idiotas o tempo todo.

Eu sei que a verdade é amarga. É uma colheita de sementes secas. Isso acontece quando você se sacrificou, desempenhou um papel, insistiu em regras de comportamento vazias. Quando fez algo porque achou que era obrigado, seus filhos não se importaram. Só existe uma maneira de formar seres humanos verdadeiros e realizados: seja verdadeiro consigo mesmo. Quando você começar a se expressar para seus filhos, com suas fraquezas e defeitos, eles saberão quem você é de verdade. E devagar, mas certamente, você vai conseguir lhes dar mais energia e diversão de verdade do que jamais conseguiu no papel de pai ou mãe bem-intencionado.

Nossos filhos precisam daquilo que consideramos mais incômodo

Outra viagem ao reino das sombras: todo mundo tem muitas características que não conhece. Todo mundo tem forças que foram julgadas ou condenadas tão severamente quando estavam crescendo que acabaram se tornando proibidas. Todos temos um mecanismo bastante amplo que bane essas forças por completo de nossos pensamentos, emoções e comportamento. São nossos parceiros que nos lembram delas. Muitas vezes eles representam essas características com constância e precisão incríveis. Eles são negligentes, não confiáveis, têm obsessão por limpeza — tudo o que achamos insuportável.

Se em tempos de crise, brigas, separações ou divórcio, os pais não estivessem tão voltados para o distanciamento do parceiro, eles poderiam reconhecer que seus filhos precisam com urgência exatamente daquilo que eles, os pais, não conseguem mais suportar no parceiro. Isso é necessário para o seu desenvolvimento. Às vezes é até importante para a sua sobrevivência. O trágico nesse momento da relação é que não apenas não temos consciência de que a sombra expressa por nosso parceiro é parte de nós, e a condenamos e odiamos intensamente, mas também não conseguimos reconhecer que nossos filhos precisam muito de um pouco dessa sombra para continuarem equilibrados. Se, por exemplo, sempre cumprimos nossas obrigações e nunca nos atrasamos, nossos filhos precisam muito de um pouco de caos para que haja pelo menos um pouco de espaço para sua criatividade.

Se, depois de nos envolvermos em uma disputa de poder com nossos parceiros durante algum tempo, finalmente nos separamos, o maior favor que podemos fazer a nossos filhos é usar a distância de forma positiva. Agora que temos um certo espaço seguro, devemos lidar com as características detestáveis do nosso parceiro e integrá-las a nossas vidas da forma mais consciente e amorosa possível. Se você acha a bagunça do seu parceiro insuportável, permita-se um pouco de bagunça de vez em quando. Você não tem que contar ao seu parceiro. Assim seus filhos podem encontrar alguma paz e não têm que se dissociar de todas aquelas características de que você teve que se dissociar quando criança.

Não faz sentido evitar falar sobre seu parceiro com seus filhos — o que era tão importante para nós quando crianças continua sendo agora: a atmosfera. Isso importa — e as crianças ouvem particularmente bem o que você não diz. Se você está triste e lutando por dentro por uma coexistência pacífica com seu parceiro, é melhor expressar isso para seus filhos. Só então eles podem procurar uma paz interior em vez de dar amor a vocês dois em campos separados.

Disputas por poder assustam as crianças

Quando você diz, depois de uma crise ou separação, "eu nunca critiquei meu parceiro na frente das crianças. Eu não brigo com ele na frente dos nossos filhos", você está apenas tentando se tranquilizar. Talvez você não faça isso conscientemente. Você pode não dizer "Seu pai é um idiota!" ou "Eu não suporto mais as babaquices da sua mãe", mas as crianças sofrem em um nível mais sutil. Frases como: "Você só ficou assistindo TV com o seu pai?" ou "Sua mãe quer que seja assim" sempre trazem a seguinte mensagem: "O outro está errado."

Quase todas as separações envolvem ideias opostas em relação à criação dos filhos. Um dos pais prega a televisão e o fast-food e o outro manda os filhos praticarem piano e comerem legumes. Um dos parceiros defende as regras rígidas, altos padrões morais e consciência política e social. O outro pode ser brincalhão, tolerante e desleixado. Quanto mais amarga a separação, mais radicais são as batalhas entre o ditador e o palhaço na família.

O casamento não é uma solução. A separação em si não é um problema. O importante é o que nós pensamos sobre o casamento e no que acreditamos em relação à separação e ao nosso parceiro. Se acreditamos que a separação vai traumatizar nossos filhos, então eles ficarão traumatizados. Se criticamos ou desprezamos nosso parceiro quando ainda vivemos juntos, nossos filhos, com sua ampla necessidade de amor, ficam dilacerados. Se relaxamos assim que alcançamos uma certa distância em relação ao nosso parceiro, nossos filhos também relaxam. Não é a situação em si que é o problema para as crianças, mas o modo como os pais lidam com ela. A verdade mais importante aqui é que a separação não existe de fato. Só podemos nos libertar de algo se o aceitamos.

Por isso, se você tiver que se separar, é melhor fazê-lo com amor. O maior favor que você pode fazer aos seus filhos depois de um divórcio é procurar perdoar e entender seu parceiro. Dessa forma, sua vida e a de seus filhos vão entrar nos eixos novamente. Como resultado, sua personalidade vai se desenvolver e seus filhos vão ter uma base mais firme.

Os filhos curam os pais

Estou convencida de que todas as curas se ligam numa corrente de evolução. Estamos neste mundo para curar a história dos nossos pais, e nossos filhos estão aqui para curar nossa própria história. Isso é evolução emocional. Ano após ano posso reconhecer na minha família como isso funciona muito bem. Meu marido e eu possuímos todo tipo de atitudes, hábitos e padrões bem diferentes de nossas famílias de origem. Ambos deixamos de lado boa parte deles ainda cedo. De certa forma, meu marido não se encaixava na família dele nem eu na minha. Éramos diferentes e, cada vez que nos defendíamos corajosamente e confiávamos em nossos corações em vez de ceder às exigências da família, toda vez que éramos bem-sucedidos no nosso próprio caminho, algo nas nossas famílias de origem era curado.

Os filhos têm que se rebelar contra os lugares dolorosos e escuros na família. Acho que minha mãe, ansiosa, quase teve um ataque do coração durante todas as minhas aventuras e escapadas da juventude. Sei que muitas vezes ela queria me segurar com ameaças e castigos, mas hoje reconheço que ela pode ficar em paz porque ignorei tantos dos seus medos e limitações. Agora ela pode ver que muitos dos seus medos estavam escondidos. Ela percebe que coisas que ela achava impossíveis podem acontecer. Apesar de toda a antiga ansiedade, hoje ela se orgulha de mim, e ela mesma está mais livre de suas próprias restrições porque fui além sem sofrer nenhum dano.

Aborto — um momento de tristeza

Até agora, descrevi a enorme revolução que ocorre num relacionamento quando nasce uma criança. Também disse quantas relações não sobrevivem intactas a essa revolução. Às vezes, pais e mães temem tanto o forte poder e as mudanças que um bebê pode trazer para suas vidas que não querem que a criança nasça. Há vários motivos para não tê-la: o relacionamento não é forte o suficiente, a criança pode ter alguma deficiência, há o medo da responsabilidade, as circunstâncias e a situação no trabalho podem não ser ideais... Já ouvi todo tipo de razão e em todos os casos descobri algo desconcertante — mesmo que o aborto seja feito bem no início da gravidez, sempre há uma criança ali. O que estou dizendo é que o aborto não é simplesmente uma rápida intervenção médica que remove um amontoado de células. Nele, uma pessoa morre. E, quando alguém morre, é de nossa natureza dizer adeus e sofrer por isso.

Durante meus anos como terapeuta, aprendi que, fora o nascimento de uma criança, a maior razão para um relacionamento ser envenenado e destruído é um aborto. A maioria das mulheres se surpreende quando descobre que foi esse fato que matou algo na relação.

Um casal tornou essa questão particularmente comovente. O homem havia pedido à esposa para abortar e, durante nosso trabalho, ele sempre falava sobre "o aborto", e ela, sobre "nossa Clarinha", e chorava de sofrimento, apesar de aquilo ter acontecido seis anos antes e ela ter tido dois filhos depois. Ao trabalhar com esse casal, ficou mais claro do que nunca que, no momento da concepção, uma alma aparece entre o casal. Neste caso, era a "Clarinha". As duas pessoas envolvidas nunca haviam falado sobre o episódio, mas sua vida sexual havia se apagado. O processo de cura que se desenvolveu durante nossas sessões foi muito doloroso, mas muito claro: tudo o que era necessário era o luto e a aceitação dessa alma. Quando a mãe pôde expressar sua dor e o pai enfim conseguiu dizer "nossa filha", a paz e a proximidade surgiram de repente entre eles de novo.

Descobri que em quase todos os abortos é importante reconhecer a alma que veio e se foi, dizer adeus a ela e viver o luto por um tempo suficiente.

Vou dizer claramente mais uma vez: não sou contra o aborto por razões morais, éticas ou religiosas. Acredito que haja situações na vida de pais e mães que mais do que justificam um aborto. Mas aprendi que temos que dar esse passo com consciência. Temos que reconhecer aquele ser e dar adeus a ele.

Este capítulo se chama "Filhos do amor". Por natureza, as crianças vêm ao mundo porque duas pessoas compartilharam um momento de intimidade física. Logo, na maioria dos casos, as crianças surgem de uma conexão arrebatadora entre duas pessoas ligadas pelo coração. De todas as tentativas de descrever esse processo incrível e único de criação da vida, estas palavras de Kahlil Gibran são as que mais me emocionaram:

Seus filhos não são seus filhos.
São filhos e filhas do desejo de viver da própria vida,
Porque eles têm seus próprios pensamentos.
Eles vêm a você mas não de você,
E mesmo que estejam com você, não pertencem a você.
Você pode lhes dar seu amor mas não seus pensamentos,
Porque eles têm seus próprios pensamentos.
Você deve abrigar seus corpos mas não suas almas,
Porque suas almas vivem na casa do amanhã, que você não pode visitar, nem nos seus sonhos.
Você pode lutar para ser como eles, mas não procure torná-los o que você é.
Porque a vida não volta atrás nem se demora no passado.

15
Amar é... trabalho, perseverança, disciplina e recompensa

Relações empolgantes e amorosas exigem muito de nós. Quanto mais profundas, fortes e íntimas elas são, menos espaço sobra para nos enganarmos. Um relacionamento nos desafia a reconhecer que não somos tudo que acreditamos ser quando estamos sozinhos. Ele nos desafia o tempo todo a tirar as máscaras, a ficarmos nus no nosso núcleo mais profundo — o lugar onde somos o amor.

Só podemos vivenciar a mais profunda de todas as verdades espirituais em relacionamentos com outras pessoas quando realmente estamos comprometidos com nós mesmos. Senão, podemos ler sobre nossa natureza divina, meditar sobre ela e estudá-la, mas isso não vai nos trazer nada de bom.

Na verdade, o nível de vitalidade e realização nas nossas vidas só depende de quanto vivenciamos nossa verdade interior. De quanto nos sentimos seres amorosos. De quanto confiamos, desafiamos e ultrapassamos a nós mesmos para alcançar essa verdade — com paciência, perseverança, coragem e disciplina. De quanto ousamos seguir nossos corações e nos mostrar vulneráveis. Acima de tudo, depende de quanto podemos evitar julgar nosso parceiro e de quanto podemos perdoá-lo. Se nos sentimos sozinhos, desprezados e vazios no nosso relacionamento ou na nossa vida, só há um caminho de volta: temos que focar em um ponto do nosso amor — não importa qual seja — e deixar nossa atenção, gratidão, perdão e afeto fluírem conscientemente rumo a isso.

Estrelas de uma noite só

Pare de esperar ou desejar o príncipe ou a princesa encantados, dignos do seu amor, que um dia chegarão por acaso. Pare de ter raiva e de ser vingativo quando os outros não são perfeitos ou agem de uma forma desagradável. Não espere até que tudo fique perfeito em vez de dizer: "Sim, vamos morar juntos/casar/ter um filho." Em vez disso, apenas opte por olhar os corações amorosos das pessoas que você conhece sempre que puder e volte seu amor para elas. Esse amor é um dom de Deus — e, ainda assim, é *sua* decisão consciente. Todos os dias, todas as horas, todos os minutos você pode conscientemente decidir amar ou não.

A verdade é que não podemos conquistar nada importante em nossas vidas sem perseverança e disciplina. Só precisamos de um pouquinho de disciplina para começar alguma coisa. Com total perseverança e disciplina podemos mudar toda a nossa vida. Total perseverança e disciplina significam amar o tempo todo. É uma vitória pela qual vale a pena lutar. Pode parecer difícil, mas a verdade é que a vida não é fácil. De um ponto de vista emocional, viemos aqui para curar, aprender e contribuir. Nossa alma não se importa se estamos gostando ou não. Seu objetivo é a cura, o desenvolvimento pessoal e a transformação das velhas feridas.

"Transforme sua vida ou ela transformará você"

Foi o dr. Spezzano quem me disse essas sábias palavras. O que ele quis dizer? Se somos alertas, perseverantes e disciplinados, sempre prontos a continuar nos desenvolvendo, se abrimos nossos corações e mentes para os outros e para coisas novas, se estamos preparados para assumir a liderança e suportar as consequências de tudo o que causamos, se queremos defender nossa verdade, então mudamos nossas vidas. Se não, o destino, os problemas, parceiros "errados", doenças e a própria vida asseguram nosso desenvolvimento, só que aparentemente contra nossa vontade.

Só podemos crescer se houver alguma resistência, porque isso desafia nossas forças, nosso potencial e nossa fé. E os problemas causam dor — até que estejamos preparados para encará-los de cabeça erguida, olhar para eles e aceitá-los com toda curiosidade, compromisso, compreensão e amor. Só então a dor vai parar e a vida ganhará certa leveza — até o próximo "problema", a próxima tarefa a ser cumprida com perseverança e disciplina. E assim até a próxima recompensa.

Um relacionamento duradouro é como a lapidação de uma rocha. Eu sei que funciona. Mas você sempre vai precisar de força de vontade para curar seu relacionamento, se comprometer totalmente com seu parceiro, expressar sua verdade por inteiro, olhar para a falta de amor dentro de si e reconhecer sua própria falta de compromisso.

O amor vem de uma crise

Há ainda uma última questão: "Vale a pena se importar com isso?" Você sabe a resposta: "*Siiiiiiiiiiiiiiiiim!*" Uma crise é uma oportunidade. Uma velha crise sempre deixa frutos pelo caminho: mais confiança, coragem, intimidade, vitalidade. Devemos parar de duvidar. Sabemos que podemos conseguir. Enquanto batalhamos nos desafios e tempestades de um relacionamento, ele se torna mais intenso e ambos crescemos.

O grande desafio de um relacionamento é descobrir como podemos viver ao mesmo tempo liberdade, amor, profundidade e leveza. Como podemos reconhecer e aceitar que a outra pessoa é diferente e ao mesmo tempo manter e, ainda, aprofundar nossa intimidade emocional?

As pessoas têm mais medo do amor do que de qualquer outra coisa. Preferimos morrer a nos arriscar a viver e amar de verdade. Acho que hoje em dia chegamos a um divisor de águas. Os velhos sistemas não funcionam mais. Nesses sistemas, os relacionamentos são vistos através de um filtro de competitividade. "Recebo atenção e carinho suficientes? Meu parceiro recebe mais do que eu? Se eu investir muito vou perder muito?" O impulso por trás de muitos dos nossos comportamentos baseia-se num sentimento de desvalorização. Sentimos que temos defeitos e temos medo de perder. Sentimos constantemente que não somos bons o bastante. Então temos que nos esforçar mais para conquistar, criar, conquistar ainda mais, nos esforçar mais e mais...

Um número menor de pessoas nos aplaude porque cada uma das nossas vitórias gera mais perdedores. Quando ganhamos, alguém perde. Em termos gerais, esse jogo de vencedores e perdedores automaticamente nos deixa acuados. Sistemas sociais, negócios, famílias, relacionamentos e pessoas ficam paralisados ou entram em colapso.

Não há vencedores sem perdedores

O verdadeiro sucesso acontece quando dedicamos nossa vida ao desenvolvimento e à cura pessoal, como descrevi neste livro. Para isso, não precisamos nos isolar nem fazer terapia. Só temos que olhar em volta — para nossas famílias, nosso trabalho, nossos amigos. Se nossa vida parece ameaçada, insegura, sem graça, estagnada ou solitária, precisamos parar de procurar bodes expiatórios. Nossas questões deveriam ser: "Quando sou educado só por medo de ser rejeitado? Quando dou algo só para ser reconhecido?" Este tipo de doação vai acabar com você. Ele cria um sentimento de nunca conseguir o bastante. Só podemos realmente doar quando estamos preparados para receber só o melhor para nós mesmos. Para doar, antes temos que nos valorizar.

Percebi que muitas pessoas têm medo de viver sua própria grandeza. Para podermos nos encaixar e pertencer a algo, nos reduzimos ao máximo. Criamos a certeza de que ninguém pode nos criticar, de que não ferimos ninguém, de que nunca somos diferentes daqueles de quem desejamos aprovação e atenção. Ou nos tornamos hipócritas e dizemos ser revolucionários. Debatemos política, discutimos a guerra do Iraque, a corrupção, as falhas do sistema de saúde, os prós e contras de se comer carne. Nós nos tornamos poderosos e decidimos os rumos de grandes empresas e seus milhares de funcionários. Não conseguimos lidar com a mesquinharia dos nossos amigos e não os chamamos mais para jantar, mas, quando cruzamos com eles, os cumprimentamos exageradamente. Porém, esse desejo aparentemente corajoso de brigar não nos traz o que procuramos.

Diga "sim"!

O verdadeiro sucesso vai fluir para a sua vida quando você se expressar, quando descobrir o que quer e começar a cumprir as verdadeiras tarefas da sua vida.

Tudo mudaria se você quisesse se ver com sinceridade. Se você estivesse preparado para mostrar suas próprias verdades e expressá-las. Se aprendesse a parar de reprimir sua dor e a aceitasse. Se você começasse a perdoar a si e aos outros pelos supostos erros. Então, você por fim descobriria seus talentos, as forças que nunca usou, sua criatividade, seu objetivo de vida. Todos os seus dons e missões emocionais se mostrariam de repente. Quando isso acontece, é como se a resistência anterior, os bloqueios, a dor, a falta de esperança e os obstáculos na sua vida logo se tornassem parte de uma figura maior e fizessem sentido. E de repente, sua vida fará diferença.

Todos temos que encontrar um objetivo e um sentido na vida para nos sentirmos felizes e realizados. Aí, podemos ajudar os outros a fazerem o mesmo. Juntos, podemos salvar o mundo. Se você der um passo para a frente, todo mundo ao seu redor também vai poder avançar um passo. Quanto mais longe você for no seu desenvolvimento, melhor aqueles à sua volta vão se sentir. Quando você é mais feliz, mais bem-sucedido e mais ativo, todos que entram em contato com você vão sentir a força que você está irradiando, consciente ou inconscientemente.

As relações íntimas são o que o impulsiona neste caminho. Em nenhuma outra situação conseguimos nos conhecer mais rápido e mais precisamente. Todas as áreas nas quais não atingimos nossos ideais aparecem num relacionamento com outra pessoa, e quanto mais chegamos perto de nós mesmos, mais profundas serão as oportunidades de autoconhecimento, e mais profunda será a percepção de tudo o que escondemos de nós mesmos e que não notamos. Cada lição dolorosa nos desafia a seguir em frente, mas, uma vez que aprendemos, logo somos levados a mais intimidade e confiança.

Um dos maiores passos que você pode dar é realmente se comprometer com outra pessoa, dizendo: "Vou compartilhar meu caminho com você. Os bons e os maus momentos. Vou confiar em você, mesmo quando as coisas estiverem difíceis. Você é meu espelho. Na sua cura, na sua felicidade, na sua realização, reconheço minha própria cura e meu poder de curar os outros." No entanto, o maior passo adiante, seu maior presente para o mundo, é amar a si mesmo.

Posfácio: Você pode fazer tudo sozinho, mas a dois é melhor!

Pouquíssimas pessoas seguiram esse caminho, essa forma de acreditar, amar, perdoar e curar. Escrevi este livro para levar a outras pessoas esperança e conhecimento, além de mostrar, com o exemplo da minha vida, que milagres são possíveis ao se escolher esse caminho. Também sei que ler este livro só uma vez dificilmente vai lhe dar mais que uma vaga ideia do que é possível. Para encontrar um amor verdadeiro e que o realize, você precisa de paciência e perseverança. Haverá fases na sua vida que parecerão sem esperanças. Às vezes você vai ter certeza absoluta de que a culpa é do seu parceiro. Às vezes você só vai querer se separar.

É por isso que um livro como este tem que ser lido diversas vezes. Leia as partes que são importantes para você o máximo de vezes que puder para se lembrar de que sempre há um jeito, de que há amor na outra pessoa, de que faz sentido continuar. A cada leitura, principalmente se houver intervalos entre elas, você vai perceber coisas novas. Se alguma dessas coisas mexer com você lá no fundo, fale sobre isso. Fale com o seu parceiro. Fale em particular sobre os seus sentimentos. Leia para o seu parceiro as partes que são importantes para você. Peça a eles para também ler este livro, ou pelo menos os trechos importantes.

Para transformar um relacionamento, primeiro basta que um de vocês decida dar um passo à frente. Essa pessoa vai desenvolver tanto amor e força que, num nível mais profundo, a outra vai se sentir tocada e, de alguma forma, mudará também. Mas tome cuidado! Conheço pessoas que se perderam nesse caminho — pessoas que de repente se tornaram esclarecidas demais para o resto do mundo. Cada revelação traz também o perigo, em especial para as mulheres, de fazer cada vez mais exigências ao parceiro. "Cheguei até aqui, mas meu marido não quer se desenvolver comigo. Ele não entende o que é isso. Ele trata o assunto com sarcasmo, fica julgando e inconscientemente quer muito ser aceito. Como eu posso ficar com alguém assim? Como posso transformar esse relacionamento?"

Esse tipo de abordagem é uma armadilha. Quando você caminha rumo ao desenvolvimento pessoal, não vai ganhar uma medalha de ouro pela conquista. Há apenas o desafio de chegar a novos níveis de compaixão e perdão. Talvez agora você tenha mais coragem para expressar sua verdade. Talvez você tenha passado por um processo doloroso que o aproximou de si mesmo. Talvez o seu parceiro e as pessoas à sua volta não tenham atingido esse ponto. Talvez todos ainda tentem se esconder atrás de seus papéis. Talvez eles ainda tenham segredos e condenem os outros. Essas coisas não podem tirar sua paz de espírito. Os outros não precisam que você os condene ou lhes exija novas coisas, mas precisam de mais compreensão e compaixão. Eles precisam de alguém de quem possam aceitar ajuda.

É claro que isso é muito mais fácil quando duas pessoas se comprometem uma com a outra. É claro que o ideal seria que você e seu parceiro lessem este livro. Se a princípio seu parceiro não quiser, você não deve usar isso como desculpa para parar de ler. Não esqueça, ele é apenas seu espelho. Algo importante para a sua própria cura está trancado e inacessível dentro de você, e você não tem a menor consciência disso, assim como seu parceiro não faz ideia de traços que estão bem claros para você.

O mais importante é não desistir, não importa o quanto as coisas fiquem difíceis ou quantas vezes você pareça fracassar. Se você absorver todas as mensagens deste livro, as coisas podem parecer ainda piores que no início. Quando o amor dentro de nós está tentando se libertar, pode parecer que estamos perdendo o controle sobre nossas vidas. Nesses momentos, pegue o livro e leia para se acalmar. O amor precisa de outra oportunidade para trabalhar dentro de você.

Nesses tempos de confusão e ignorância, não é fácil redescobrir e liberar todo o amor que está escondido dentro de nós. Porém, se você colocar coragem e sinceridade de verdade no processo e procurar o caminho do amor e da realização com todas as suas forças, a vida com certeza vai guiá-lo neste caminho. Preste atenção no lugar de onde vêm as respostas para suas questões mais profundas. Confie no que o cura e ajuda, não no que os outros acham que vai curá-lo e ajudá-lo. Deus raramente parece um velhinho com uma barba branca. E quando encontramos o amor, ele raramente tem asas.

Não importa de que forma essa ajuda aparece, temos que decidir recebê-la. No final, sempre cabe a nós fazer as pazes com o mundo como ele é. No final, não é uma questão de encontrar o parceiro certo, mas de reconquistar a vida por conta própria. Ninguém mais pode fazer isso por nós. Porém, se pedirmos, todo o poder dos céus e da Terra vai nos ajudar nesta que é a maior das nossas missões.

EDITORA RESPONSÁVEL
Izabel Aleixo

PRODUÇÃO EDITORIAL
Daniele Cajueiro
Guilherme Bernardo

REVISÃO DE TRADUÇÃO
Gustavo Alexandrino
Juliana Araújo

REVISÃO
Fernanda Correia
Leonardo Alves
Marília Lamas

DIAGRAMAÇÃO
Selênia Serviços

Este livro foi impresso no Rio de Janeiro, em junho de 2009,
pela Ediouro Gráfica, para a Editora Nova Fronteira.
A fonte usada no miolo é Adobe Caslon Pro, corpo 12/16.
O papel do miolo é pólen soft 70g/m², e o da capa é cartão 250g/m².
Visite nosso site: www.novafronteira.com.br